KB128894

무의식의 심리학, 점화

이 저서는 2008년 정부(교육부)의 재원으로 한국연구재단의 지원을 받아
수행된 연구임(NRF-2008-812-H00020)

무의식의 심리학, 점화

전우영 저

학지사

서
문

'나'라는 존재는 마음속에 저장된 수많은 생각과 행동 중에서 무엇을 꺼내 사용하느냐에 의해서 결정된다. 우리는 의식적으로 특정한 생각과 행동을 꺼내기도 하지만 많은 경우에 이러한 과정은 무의식적으로 진행된다. 그 결과, 어떤 사람은 우발적으로 살인을 저지르기도 하고, 또 어떤 사람은 우발적으로 선행을 베풀기도 한다.

우발적인 살인자와 우발적인 의인의 차이는 어떤 생각이 점화되었느냐에 달려 있다. 즉, 어떤 생각에 불이 붙었느냐에 따라 우리는 악마가 될 수도 있고 천사가 될 수도 있다. 흥미로운 사실은 우리의 생각에 불이 붙는 심리적 과정이 우리가 눈치채지 못하는 사이에 무의식적으로 진행된다는 것이다.

이 책에서는 무의식에 불을 붙이는 심리적 과정인 '점화(priming)'

에 관한 심리학 연구를 체계적으로 정리하고자 하였다. 이를 통해 인간의 무의식적 판단과 행동에 대한 심리학의 새로운 통찰을 제시하고자 했다. 각 장의 내용은 다음과 같다.

1장 '무의식 연구의 짧은 역사'에서는 프로이트에서 시작된 직관을 통한 무의식 연구가 어떻게 과학적 연구로 성장할 수 있었는지 간략하게 알아보았다. 2장 '무의식의 구조와 작동원리'에서는 무의식의 세계가 어떻게 구성되어 있고, 점화가 어떤 방식으로 우리의 마음과 행동을 움직이는지, 즉 보이지 않는 손의 임무를 수행하는지 알아보았다. 3장 '무의식적 모방'에서는 무의식적 행동의 가장 단순한 형태인 모방이 진화적 관점에서 적응에 어떤 도움을 주는지, 그리고 공감, 자폐, 인간관계, 소비행동, 창의성, 친사회적 행동과 어떻게 연결되어 있는지 알아보았다.

4장 '무의식적 신체운동'에서는 지식의 점화가 우리가 말하고, 걷고, 일하는 속도와 같은 신체운동을 어떻게 변화시키는지 알아보았다. 5장 '무의식적 사회행동'에서는 슈퍼 히어로, 펑크족, 협력과 경쟁의 가치관, 적대감, 노인, 정치인 등과 같은 다양한 형태의 지식을 점화하는 것이 도움행동, 동조와 저항, 의사결정, 공격행동, 강간 피해자에 대한 태도 등과 같은 다양한 차원의 사회적 판단과 행동에 어떤 영향을 미치는지 알아보았다. 6장 '무의식적 정신수행'에서는 점화가 퀴즈, 수학 시험, 기억력 그리고 창의성과 같은 지적 차원의 과제 수행에도 영향을 미칠 수 있는지 알아보았다.

7장 '무의식적 동화와 대조'에서는 우리의 마음과 행동이 점화된 지식과 일치하는 방향으로 움직이는 동화효과와 반대 방향으로 움직이는 대조효과가 어떻게 발생하는지 알아보았다. 8장 '무의식적 목표'에서는 전적으로 의식이 관장하는 영역이라고 간주하였던 목표 추구가 어떻게 무의식적으로 진행되는지 알아보았다. 목표를 달성하는 데 필요한 행동을 준비하고, 방향을 설정하고, 목표 달성 시에 얻게 되는 보상의 가치에 대해 계산하는 것과 같은 일련의 목표 추구 행동이 점화를 통해 무의식적으로 유도될 수 있는지 알아보았다.

이 책은 2013년에 출간된 『프라이밍: 나를 움직이는 무의식』의 개정판이다. 개정판에서는 불필요한 살을 과감하게 빼고, 점화에 관한 핵심적 발견들로 책을 날렵하게 만들고자 하였다. 점화 현상을 쉽게 이해할 수 있도록 제목을 수정하였고, 개념과 표현의 미세한 부분을 조정하였다. 개정판의 시도가 성공적이었기를 기대해 본다. 아울러 기꺼이 개정판을 출판해 준 학지사에 깊이 감사드린다.

2020년
전우영

차
례

:
:

01

무의식 연구의 짧은 역사:
직관에서 과학으로

01

무의식 연구의 짧은 역사:
직관에서 과학으로

'무의식' 하면 떠오르는 사람은 바로 지그문트 프로이트(Sigmund Freud)다. 프로이트에 따르면, 우리가 자각하고 있는 의식은 정신 세계라는 커다란 빙산의 일각에 지나지 않는다. 인간행동의 무의식적 결정론을 주장한 프로이트는 억압된 욕망과 충동의 저장소인 거대한 무의식의 세계가 우리의 마음과 행동을 결정한다고 주장했다(Freud, 1933). 주로 성적인 내용으로 구성되는 우리의 무의식적 욕망을 우리 자신은 의식적으로 자각하지 못하지만 가끔 꿈이나 히스테리를 통해 그 정체를 드러내기도 한다는 것이다. 프로이트의 무의식 이론은 매우 흥미롭다. 그러나 이 이론은 프로이트 본인의 임상 경험을 바탕으로 한 개인적인 직관에 기초한 것으로, 과학적으로 검증하는 것이 불가능하다는 점에서 과학적 심리학을 추구하는 심리학자들로부터 크게 비판받아 왔다.

하지만 기억해야 하는 것은 프로이트 이론의 타당성을 과학적으로 검증하는 것이 불가능하다는 점이 프로이트의 주장이 틀렸다는 것을 의미하는 것은 아니라는 점이다. 어쩌면 그것은 프로이트 이론 그 자체의 문제가 아니라 그 이론의 타당성을 검증할 만한 과학적 도구를 갖고 있지 못했던 프로이트 이론에 대한 비판자들의 문제일 수도 있다. 프로이트의 이론을 과학적인 방법을 이용해서 반증하고 싶었던 사람들이 과학적인 검증 도구를 고안해 냈어야 하는 것이 아닐까? 아이러니하게도 프로이트 이론의 비과학성을 비판했던 행동주의 심리학의 전통에 의해 발전된 심리학 연구 방법론은 최근 들어 인간의 무의식에 관한 과학적 탐구를 가능하게 만들었다.

무의식에 관한 과학적 연구의 시작

최근 진행되고 있는 과학적 방법론을 이용한 무의식에 관한 심리학 연구의 주제는 흥미롭게도 프로이트의 이론과는 거의 관계가 없다. 즉, 현재의 무의식에 관한 연구는 성적인 욕구가 억압되어 어떻게 무의식에 저장되고, 억압된 성적 욕구가 어떻게 우리의 마음과 행동을 지배하는지에 대한 프로이트의 이론이나 가정을 검증하기 위한 것이 아니다. 무의식에 관한 과학적 연구를 수행하고 있는 연구자들은 프로이트의 이론에서 단지 '무의식'이라는 개념만 가지고 왔다고 보면 된다. 이들의 관심은 왜 그리고 어떻게 사람들의 마음과 행동이 의식적으로 자각하지 못하는 심리 과정에 의해서 영향받는지에 대한 것이다.

우리 눈에 특정 속도보다 빠르게 자극이 제시되면 의식은 이러한 자극을 보지 못한다. 사람들은 일반적으로 약 1/4초 이하의 속도로 자극이 화면에 제시되면, 화면에 어떤 깜빡거림이 있었다는 것은 지각할 수 있지만, 구체적으로 무엇이 제시되었는지는 알지 못한다(Neely, 1977). 1초는 1000ms이다. 우리 의식은 250ms보다 빠르게 제시된 자극의 정체가 무엇인지 파악하지 못한다. 예를 들어, '노인'이라는 단어가 250ms보다 빠르게 화면에 제시되면 화면에 무엇인가 깜빡거렸다는 것은 알 수 있지만 '노인'이라는 단어가 제시되었다는 것을 의식적으로 자각할 수는 없다.

이를 의식할 수 있는 역치보다 아래라는 의미로 '식역하(subliminal) 자극'이라고 한다. 실험을 하다 보면 매우 소수의 사람 중에는 250ms로 제시된 자극이 무엇인지 지각하는 사람이 있기도 하다. 이들은 그야말로 매의 눈을 가진 사람들이다. 때문에 좀 더 확실하게 식역하로 자극을 제시하고자 하는 연구자들은 자극을 10~20ms의 속도로 제시하기도 한다. 거기에 더해 잔상이 남는 것을 제거하기 위해서 자극을 제시한 후에 차폐 자극을 연속해서 제시한다. 그러면 아무리 매의 눈을 가지고 있는 사람도 무엇이 제시되었는지 보지 못한다.

식역하 자극을 이용한 연구에 따르면, 사람들은 무엇이 제시되었는지는 의식적으로 자각하지 못함에도 제시된 자극으로 인해 영향을 받는 것으로 나타났다. 예를 들면, 식역하로 제시된 '노인'과 연관된 단어에 노출되고 난 후에 걸음걸이의 속도가 느려질 수 있다. 사람들은 자신에게 제시된 자극의 정체에 대해 의식하지 못한 상태에서조차 해당 자극의 영향하에 놓인다. 이는 우리의 의식은 보지 못한 것을 무의식은 보았기 때문에 가능하다. 우리 마음과 행동은, 의식이 보지 못했을지라도 무의식이 무엇을 보았느냐에 따라 달라진다.

식역하로 제시된 자극이 사람들에게 어떤 영향을 미칠 수 있는지에 대해 최초이자 가장 강력한 대중적 관심을 불러일으켰던 것은 밴스 패커드(Vance Packard)가 1957년에 출간한 *The Hidden Persuaders*라는 책일 것이다. 이 책에서 패커드는 마케팅 전문가들이 소비자들의 무의식적 동기를 결정할 수 있고, 소비자들은 이러한 설득 기술에 저항할 수 없는 존재라고 주장했다. 그 증거로 극장에서 식역하로 노출한 광고를 통해 관객의 소비행동이 결정될 수 있다는 연구를 제시했다. 한국전쟁 당시 중공군의 포로로 잡혔던 미군들이 자본주의 체제의 비판자로 돌변하고 미국으로의 송환을 거부한 사건을 통해 '세뇌'라는 개념이 사회의 주요 이슈였던 미국에서 패커드의 주장은 충격을 불러오기에 충분했다. 하지만 어이없게도 무의식에 관한 과학적 연구로 대중의 관심을 폭발시킨 패커드의 영화 속 식역하 광고효과에 관한 연구는 거짓이었던 것으로 드러났다.

사실 이러한 역사는 심리학에서 출발한 무의식에 관한 과학적 연구의 결과를 소비자 행동과 마케팅 분야에서 받아들이기까지 약 20년이라는 생각보다 훨씬 긴 세월이 걸리게끔 만든 이유 중 하나다(Bargh, 2002). 패커드가 불러일으켰던 충격은 컸지만, 최근의 연구는 패커드의 가정이 들어맞기 위해서는 어떤 상황과 조건이 필요한지에 대해 확인하였고(Bargh, 2002), 식역하로 제시된 자극이 사람들의 마음과 행동에 영향을 미친다는 것을 수많은 실험을 통해 반복 검증하였다.

무의식 연구의 신고전

프로이트 등에 의해 무의식의 개념이 알려진 것은 상당히 오래된 일이지만, 과학적인 방법론을 이용해 무의식에 관한 탐구가 시작된 것은 불과 30년 정도에 지나지 않는다. 하지만 최근 들어 *Science*나 *Nature*를 포함한 주요 학술지에 무의식이 인간 행동에 미치는 영향과 관련된 다양한 연구가 보고되면서, 과학자는 물론 일반인도 무의식의 영향에 대해 많은 관심을 두게 되었다. 무의식에 관한 관심을 촉발하고 주도했던 연구는 많지만, 아마도 그 중심에 있던 연구자는 바로 예일대학교 심리학과 교수로 재직 중인 존 바지(John A. Bargh)라는 것에 많은 이가 동의할 것이다.

특히 그가 동료들과 함께 사회심리학과 성격심리학 분야에서 최고의 권위를 자랑하는 학술지인 *Journal of Personality and Social Psychology*(1996)에 발표한 인간행동의 자동성에 대한 논문은 과학적 방법론을 이용한 무의식에 관한 새로운 탐구의 차원을 제시함으로써 무의식 연구의 고전이 되었다. 기존의 무의식에 관한 연구가 주로 인상 형성 등과 같은 인간의 내적 평가의 변화만을 연구의 주제로 삼았다면, 바지, 첸과 버로스(Bargh, Chen, & Burrows, 1996)의 연구에서는 어떻게 무의식적인 자극이 사람들의 행동에 영향을 미칠 수 있는지를 알아본 것이다. 특히 이 논문에 실린 두 번째 실험은 노인과 관련된 단어들이 들어가는 문장을 만든 사람들이 노인과 무관한 단어들을 이용해 문장을 만든 사람들보다 걸음걸이 속도가 느려진다는 것을 입증함으로써 특정 대상에 대한 고정관념의 활성화가 자동적으로 고정관념의 대상과 일치하는 방식으로 운동행동을 유도할 수 있다는 것을 보여 주었다.

이 연구 이후에 기존에는 거의 모든 연구자가 그 가능성에 대한 탐색 자체를 시도해 보지도 않았던 다양한 수준의 행동이 무의식의 통제 아래에 있다는 것을 보여 주는 연구가 보고 되기 시작했다(Bargh, Chen, & Burrows, 1996; Dijksterhuis & van Knippenberg, 1998; Macrae & Johnson, 1998; Kawakami, Dovidio, & Dijksterhuis, 2003; Srull & Wyer, 1979). 이러한 연구는 사람들의 행동이 자유의지에 의해 통제된다는 우리의 믿음에 큰 충격을 주기 시작했다(Bargh, 1997; Bargh, 2005; Bargh & Chartrand, 2000; Wegner, 2002; Wilson, 2002).

무의식 연구의 두 가지 패러다임

　무의식에 대한 과학적 접근 시 실험을 위해 사용하는 방법은 연구 주제와 내용에 따라 매우 다양하다. 하지만 기본적인 연구 패러다임은 크게 두 가지로 분류할 수 있다. 하나는 앞서 언급한 것처럼 자극을 식역하로 제시하는 것이다. 이 경우에 사람들은 제시된 자극의 정체에 대해 의식적으로 자각할 수 없게 된다. 예를 들어, 흑인에 대한 부정적인 고정관념을 지닌 백인 실험 참여자들에게 흑인 사진을 식역하로 제시하면 화면에 무엇이 제시되었는지 의식적으로 자각하는 것이 불가능하다. 즉, 화면에 흑인 사진이 제시되었는지, 백인 사진이 제시되었는지, 문자가 제시되었는지 또는 그림이 제시되었는지 알 수 없다. 그리고 난 다음에 흑인에 대해 가지고 있는 고정관념과 관련된 '게으른', '멍청한' 등과 같은 단어를 제시하면 흑인과는 무관한 단어를 제시했을 때보다 단어에 대한 반응시간이 빨라진다(Fazio, Sanbonmatsu, Powell, & Kardes, 1986). 식역하 자극을 이용한 무의식의 영향에 관한 실험 연구는 실험 참여자들이 자극의 정체를 파악하는 것이 불가능하기 때문에 무의식적 영향을 확실하게 보여 줄 수 있다는 장점이 있다.

또 다른 방법은 자극을 의식할 수 있는 식역상(supraliminal) 수준으로 제시하는 것이다. 그런데 이 경우에도 제시된 자극과 이 자극의 영향에 대해 의식적으로 자각할 수 없어야 한다. 예를 들어, 무의식 연구에서 자주 사용하는 뒤섞인 단어를 이용한 문장 구성 과제(Scrambled Sentence Task: SST)는 몇 개의 단어를 흩트려 놓고 이들 중에서 일부 단어를 이용하여 완성된 문장을 만들게 한다(Srull & Wyer, 1986). 만약 '차가움'이라는 개념을 무의식적으로 활성화하려고 하면, '차갑다, 오늘, 책상, 날씨, 바깥'이라는 다섯 개의 단어를 주고, 이 중에서 네 단어를 이용해서 문법적으로 정확한 문장을 하나 만들게 한다. 이 경우에는 '오늘 바깥 날씨가 차갑다.'라는 문장을 만들 수 있다. 참여자들에게는 언어 능력을 검사하는 과제라고 설명한 후에 이러한 문장 구성 과제를 약 15~30개 제시한다. 그중에서 절반 내지는 1/3의 과제에 차가움과 관련된 단어(예: 얼음, 겨울)를 집어넣는다. 이러한 과정을 통해서 '차가움'에 대한 개념을 무의식적으로 활성화할 수 있다. 그러고 난 다음에 물리적인 차가움이 무의식적으로 활성화되었을 때, 참가자들이 다른 사람들에게 차갑게 행동하는지를 확인한다.

식역하 자극을 이용하든 식역상 자극을 이용하든 무의식의 영향에 관한 연구에서는 연구 시작 전에 실험 참여자들에게 짧은 두 개의 연구에 참여할 것이라고 알려 준다. 첫 번째 과제(예: 식역하 자극, 문장 구성 과제)와 두 번째 과제(예: 단어-비단어 판단 과제, 인상 형성 과제)는 전혀 관련성이 없다고 이야기하기 때문에 이를 '무관련 연구' 패러다임이라고 부른다(Custer & Aarts, 2010).

식역상 자극을 이용한 연구 패러다임에서 실험 참여자들은 모든 자극의 존재를 의식할 수 있다. 즉, '차갑다'라는 단어를 이용해서 문장을 만들었다는 것을 알고 있다. 하지만 이 문장 구성 과제와 두 번째 판단 과제는 전혀 관련성이 없다고 생각한다. 따라서 '무관련 연구'라고 생각한 두 연구 중 첫 번째 연구에서 제시된 자극에 대한 자신의 반응(예: 문장 구성 과제)이 두 번째 연구에서의 자신의 반응(예: 걸음걸이 속도)과 관련된다는 것을 의식적으로 자각하지 못한다는 점에서 무의식적이다. 즉, 식역상 자극을 이용한 연구 패러다임에서 가장 중요한 것은 식역상 자극이 자신의 행동에 영향을 미치고 있다는 사실에 대한 의식적 자각이 없어야 한다는 것이다.

식역하 자극과 식역상 자극을 이용한 두 개의 연구 패러다임에는 장단점이 존재한다. 식역하 자극을 이용한 연구는 연구에서 발견된 결과가 제시된 자극을 의식하지 못하는 조건에서 발생하였다는 것에 대해 의문을 제기하는 것이 불가능하다. 왜냐하면, 눈으로 자극을 지각할 수 없는 조건이라는 것을 확인할 수 있기 때문이다. 하지만 현실에서 우리가 식역하 자극에 노출될 가능성은 거의 없다. 식역하 자극을 이용한 광고가 금지되어 있다는 것을 감안하면, 실험실에서 식역하로 자극이 제시되는 것과 같은 경험을 할 수 있는 곳은 무의식에 관한 연구를 수행하는 또 다른 실험실밖에 없을 가능성이 크다. 그러한 측면에서 식역하 자극을 이용한 연구는 생태학적 타당성(ecological validity)이 낮다고 볼 수 있다(Chun & Kruglanski, 2005).

이에 반해 식역상 자극을 이용한 연구 패러다임은 과연 실험 참여자들이 식역상 자극과 자신의 반응 간의 관계를 정말로 의식하지 못했는가에 대한 확신을 가지는 것이 식역하 자극을 이용한 연구에 비해 쉽지 않다. 하지만 실험 참여자의 의식적 자각 여부를 확인할 수 있는 사후 확인 기법이 개발되었고(Bargh & Chartrand, 2000), 식역상 자극과 '무관련 연구' 패러다임을 이용한 수많은 연구에서 실험 참여자들이 식역상 자극과 자신의 행동 간의 관계에 대해 의식적인 자각을 전혀 하지 못한다는 것이 지속적으로 보고되고 있다. 따라서 식역상 자극을 이용한 연구의 내적 타당성은 식역하 자극을 이용한 연구 패러다임과 다르지 않다고 볼 수 있다.

식역상 자극을 이용한 연구 패러다임의 장점은 생태학적 타당성이 높다는 데서 찾을 수 있다. 우리가 현실에서 경험하는 거의 모든 자극은 식역상으로 제시된다. 예를 들어, 어떤 남성이 처음 만난 여성에게서 따뜻한 성격의 소유자라는 느낌을 받았다고 가정해 보자. 그는 그녀의 말투나 웃음에서 그러한 느낌을 받았다고 생각했지만, 실제로 그가 여성에게서 느낀 따뜻함은 그녀가 사용한 향수 때문이었을 수 있다. 그 남성의 온화하고 따뜻한 어머니는 그가 아주 어린 시절에 특정 향수를 사용했다. 당시 어머니가 사용하던 향수 냄새와 어머니의 따뜻함이 연합되어 있었고, 같은 향수를 사용한 여성을 만났을 때 향수 냄새와 연합되어 있던 따뜻한 여성에 대한 감정이 살아난 것이다. 여기서 기억해야 할 것은, 이 남성의 경우 처음 만난 여성에게서 어떤 냄새가 났는지를 알고 있었다(의식)는 것이다. 하지만 이 남성은 그 향수 냄새가 자신에게 어떤 감정을 자동적으로 활성화했다는 사실을 의식적으로 자각하고 있지 못했다(무의식). 이러한 사례에서 볼 수 있듯이, 우리가 현실 세계에서 경험하는 무의식의 영향은 대부분 주어진 자극을 의식할 수 있는 조건에서 일어난다.

환경에는 수많은 자극이 존재한다. 그 자극 대상이 무엇인지 우리는 의식적으로 자각할 수 있다. 하지만 그 환경요소들이 언제 그리고 어떻게 마음과 행동에 영향을 미치는지는 의식하지 못하는 경우가 대부분이다. 실제로 사람에 대한 인상은 다양한 환경적 요소에 의헤서 영향을 받지만, 우리는 이를 의식적으로 자각하지 못한다.(Bargh & Pietromonaco, 1982; Higgins, Rholes, & Jones, 1977; Srull & Wyer, 1979). 그리고 개인이 가지고 있는 사회적 고정관념은 이러한 환경요인에 의해 자동적으로 활성화된다 (Devine, 1989; Macrae, Milne, & Bodenhausen, 1994; Bargh, Chen, & Burrows, 1996; Dijksterhuis & van Knippenberg, 1998). 우리의 무의식을 자극하는 수많은 대상이 환경에 널려 있는 것이다.

무의식에 관한 과학적 연구는 초기에 무의식적 영향의 존재를 확실히 보여 주기 위해서 식역하 자극을 이용한 연구가 주를 이루었지만, 최근 들어서는 식역상 자극을 이용한 연구가 많이 보고되고 있다. 이는 현실 세계에서의 무의식적 영향은 우리가 눈으로 보고 확인할 수 있는 존재와 대상에 의해서 이루어지기 때문이다. 따라서 최근의 식역하 자극을 이용한 연구는 주로 실험 참여자들이 자극을 의식하지 못했다는 것을 분명히 보여 줄 필요성이 있거나 우리 정신 표상에서 특정 대상이 어떠한 개념과 연결되어 있는지를 파악하기 위한 목적으로 주로 사용되고 있다.

02

무의식의 구조와
작동원리

무의식의 구조와 작동원리

내 머릿속의 도서관과 책상

인간의 정신 표상 또는 우리의 기억이 어떻게 정리되어 있는 지를 설명하는 다양한 이론과 모형이 존재한다. 그중 가장 설 득력 있는 설명은 우리의 기억 속에 대상, 사건, 개념, 생각 등 과 같은 다양한 종류의 정보가 하나의 마디(node)에 표상되어 있고, 각각의 마디는 고리(link)로 연결된다고 가정하는 것이다 (Anderson, 1983). 예를 들면, '원숭이'라는 정보가 하나의 마디에 저장되어 있고, 또 다른 마디에는 '바나나'라는 정보가 저장되어 있는데, 두 개의 정보가 고리를 통해 연결되어 있다는 것이다. 모든 정보는 고리로 연결되어 있는데, 의미상으로 가까운 정보는 적은 수의 고리를 통해 연결되지만, 의미상으로 관계가 먼 정보는 여러 개의 고리를 거쳐서 연결된다고 한다. '원숭이'와 '바나나'가 매우 적은 수(예: 1개)의 고리로 연결되어 있다면, '원숭이'와 '고구마'는 '바나나'보다는 상대적으로 많은 수의 고리로 연결되어 있다.

우리는 알고 있는 모든 정보를 항상 의식하면서 살지는 않는다. 이 책을 읽기 전에 '원숭이'에 대해 생각했던 사람은 많지 않을 것이다. 하지만 원숭이라는 단어가 제시되면서 갑자기 의식상에 원숭이의 이미지가 떠올랐을 것이다. 중요한 것은 원숭이라는 정보를 떠올리기 전에도 원숭이라는 정보는 우리의 머릿속 어딘가에 저장되어 있었다는 사실이다. 이처럼 우리가 현재 사용하고 있는 것은 아니지만, 우리가 획득한 (획득한 사실을 알고 있을 수도, 모르고 있을 수도 있는) 모든 정보가 저장된 창고를 '장기기억'이라고 한다. 장기간 정보가 저장된다는 의미에서 이름 붙여진 장기기억은 바로 우리가 학습과 경험을 통해 획득한 모든 지식이 표상된 곳이기도 하다.

장기기억은 종종 도서관에 비유된다. 우리가 지금 읽고 있지는 않지만, 언젠가 꺼내 읽을 수 있는 수많은 책이 꽂혀 있는 내 머릿속의 도서관이 바로 장기기억이다. 우리가 알고 있고 기억하고 있는 대다수 정보는 장기기억에 저장되어 있다. 현재 의식적으로 자각하고 있지 않다는 점에서 정보 대부분은 비활동적인 상태로 저장되어 있다고 할 수 있다.

비활동적인 장기기억 속의 정보 중 일부가 우리가 의식할 수 있는 활동 기억인 단기기억으로 이전되면서 의식적 자각이 가능해진다. 현재 자신이 무슨 생각을 하고 있는지 알게 되는 것이다. 단기기억은 도서관의 서가에서 뽑아 온 책을 올려놓는 책상이라고 할 수 있다. 우리 의식은 책상에 올려놓은 책만을 의식적으로 자각하면서 볼 수 있다.

기억 연구자들은 장기기억에 저장할 수 있는 정보 양에는 제한이 없을 것이라고 가정한다. 도서관보다 더 큰 무한대의 저장 창고인 셈이다. 하지만 단기기억은 아주 작은 책상에 불과하다고 가정한다. 따라서 장기기억에 저장된 수많은 정보(예: 동물) 중에 극히 일부(예: 원숭이)만을 단기기억이라는 책상 위에 올려놓고 의식할 수 있다.

점화

정보가 장기기억의 창고에서 단기기억의 책상으로 옮겨지는 것을 '활성화(activation)'라고 한다. 흥미로운 것은 원숭이라는 정보가 제시되었을 때 의도하지 않았음에도 바나나가 동시에 떠오른다는 것이다. 원숭이가 자동적으로 바나나의 활성화를 유도하였다. 존 앤더슨(John Anderson)에 따르면, 이는 하나의 정보(예: 원숭이)가 활성화될 때 이 정보를 활성화하고 남은 에너지가 연결고리를 통해 가까운 곳에 있는 다른 정보(예: 바나나)로 전달되기 때문이다(Anderson, 1983). 앤더슨은 활성화 에너지의 확산을 수로(고리)로 연결된 물웅덩이(마디)를 예로 들어 설명하였다. 한 웅덩이에 물을 부으면 물은 수로를 따라 가깝게 연결된 웅덩이로 흘러 들어간다. '원숭이'라는 웅덩이에 물을 부으면 '원숭이'라는 개념을 활성화하고 남은 물이 수로를 타고 바로 옆에 붙어 있는 '바나나'라는 개념으로 흘러 들어간다는 것이다. 그 결과, 우리의 뇌는 원숭이만 생각했음에도 바나나까지 떠올리게 된다.

활성화 에너지의 확산에 관한 고전적 연구인 데이비드 메이어(David Meyer)와 로저 쉬바네벨트(Roger Schvaneveldt)의 실험에서는 컴퓨터를 통해 두 개의 단어를 제시하고 두 개의 단어 모두 실제 존재하는 단어(예: 간호사, 버터)면 'Yes' 버튼을 누르게 하고, 둘 중 하나 이상의 단어가 발음은 가능하지만 실제로 존재하지 않는 비단어(예: 간푸디, 바피)인 경우에는 'No' 버튼을 누르게 하였다(Meyer & Schvaneveldt, 1971). 이러한 과제를 '단어-비단어 판단 과제(lexical decision task)'라고 한다. 실험 결과에 따르면, 제시된 두 개의 단어가 의미상으로 가까울 때(예: 의사-간호사, 빵-버터)가 그렇지 않을 때(예: 의사-빵, 간호사-버터)보다 반응 시간이 빠른 것으로 나타났다. '의사'라는 개념이 '간호사'라는 개념과 장기기억 속에 더 밀접하게 연합되어 있어서 '의사'라는 개념이 활성화되면서 발생한 에너지가 '간호사'라는 개념으로 흘러 들어갈 수 있었다. 그 결과, '간호사'의 활성화가 촉진된 것이다. 반면, '의사'와 '빵'은 상대적으로 많은 수의 고리를 통해 연결되어 있어서 '의사'를 활성화하고 남은 에너지가 '빵'까지 흘러 들어가지는 못하였다. '의사'의 활성화가 '빵'의 활성화를 촉진하지는 못한 것이다.

앞에서 제시한 예시처럼 의사라는 정보가 간호사라는 정보의 활성화를 촉진하는 것을 점화(priming)라고 한다. 원숭이에 대해서만 언급했음에도 자동적으로 바나나가 떠오르는 것은 원숭이라는 정보가 장기기억 속에 매우 가깝게 위치한 바나나라는 정보를 점화시켰기 때문이다. 바꿔 말하면, 바나나는 원숭이에 의해 점화된 것이다.

보이지 않는 손과 무의식적 활성화

다이너마이트와 연결된 전선에 불이 붙으면 전선에 불이 조금씩 타들어 가다가 결국에는 다이너마이트가 폭파된다. 점화의 역할은 비활동적인 상태로 장기기억 속에 저장되어 있던 특정한 생각의 다이너마이트에 불을 붙이는 것이다. 불붙은 전선이 다이너마이트에 접근하듯이 점화는 장기기억 속에 저장된 정보에 대한 접근 가능성(accessibility)을 높여 준다. 하지만 타들어 가는 전선과 점화 사이에는 큰 차이가 존재한다. 불이 타들어 가는 전선과 폭파하는 다이너마이트는 사람들의 이목을 집중시키지만, 점화는 무의식적으로 진행되는 과정이다. 다이너마이트를 폭파하기 위해서는 의도적으로 전선에 불을 붙여야 한다. 하지만 점화는 특별한 노력을 기울이지 않아도 특정 자극에 노출되는 순간 자동적으로 일어난다. 원숭이라는 단어를 보자마자 우리의 의도와는 무관하게 바나나가 점화되는 것처럼 말이다.

점화된 정보에 대해 우리가 항상 의식적으로 자각할 수 있는 것은 아니다. 오히려 자각하지 못하는 경우가 대부분이다. 활성화되었지만, 활성화된 줄 모른다. 의사라는 단어가 제시되었다는 것은 알지만, 간호사라는 개념이 활성화되었다는 것에 대해서는 알지 못한다. 더구나 의사라는 단어가 간호사라는 단어를 점화시켰다는 것은 전혀 모른다.

점화 현상은 우리 마음속에 존재하는 보이지 않는 손이 우리가 전혀 의식하지 못하고 있는 사이에 장기기억 속에 저장된 정보를 조용히 꺼내 무의식의 테이블 위에 올려놓는 것과 같다. 우리가 눈치채지 못하는 사이에 장기기억 속에 저장된 정보에 대한 접근 가능성을 높여 주는 무의식의 움직임이 바로 점화인 것이다. 중요한 것은 의식적으로 자각하지 못할지라도, 일단 활성화된 정보는 우리의 마음이나 행동에 영향을 미칠 수 있다는 사실이다.

무의식의 처리 용량: 의식의 22만 4천 배

무의식에 관한 최근의 연구는 의식이 보지 못한 수많은 정보를 무의식은 볼 수 있고, 무의식이 본 것들이 우리 마음과 행동에 큰 영향을 미친다는 것을 보고하고 있다. 또한 무의식이 마음과 행동에 영향을 미치는 모든 과정이 의식적 자각이 없는 상태에서 진행된다는 것이다.

의식이 보지 못하는 것을 무의식이 모두 볼 수 있는 이유는 무의식의 처리 용량이 의식에 비해 훨씬 더 크기 때문이다. 연구자들(Dijksterhuis, 2004; Nørretranders, 1998; Wilson, 2002)은 우리의 감각기관이 1초에 약 11,200,000비트(bit)의 정보를 처리할 것으로 추정하고 있다. 이 중에서 우리의 의식이 처리하는 것은 초당 40에서 60비트에 불과하다고 한다. 즉, 의식은 인간의 전체 감각 시스템이 처리하는 정보 중 극히 일부의 정보만을 처리한다.

의식이 처리하지 못한 나머지 정보는 모두 무의식이 담당한다. 의식이 처리하는 정보가 초당 50비트라고 가정하면, 의식이 처리하지 못한 나머지 11,199,950비트의 정보를 무의식이 처리한다는 의미다. 따라서 무의식은 의식이 처리하는 정보의 약 22만 4천 배나 되는 정보를 처리할 수 있다.

압 데익스테르후이스(Ap Dijksterhuis)에 따르면, 알파벳 하나를 처리하는 데 약 5비트가 필요하다(Dijksterhuis, 2004). 만약 8개의 알파벳 조합(예: noahlief)을 처리하려면 40비트가 필요하다. 물론 실제 단어는 알파벳의 무작위 조합이 아니기 때문에 더 쉽게 처리할 수 있다. 그런데도 우리의 의식이 초당 처리할 수 있는 정보는 많아 봐야 짧은 문장 하나 정도에 불과하다. 무의식이 컴퓨터라면 의식은 손가락으로 셈을 하는 정도인 셈이다.

똑똑한 무의식

무의식의 처리 용량은 의식의 처리 용량과는 비교할 수 없을 정도로 크다. 따라서 의식이 놓친 것들을 무의식이 포착하여 처리할 수 있다. 무의식이 가지고 있는 정보처리 능력은 의식이 처리하기에 너무 복잡한 정보를 처리하는 데 유용하다. 즉, 복잡한 정보를 토대로 의사 결정을 해야 한다면 처리 용량이 적은 의식적 사고보다는 처리 용량이 큰 무의식에 처리를 맡기는 것이 더 나은 결과를 낳을 수 있다.

압 데익스테르후이스는 이러한 무의식적 처리의 이점에 대해 알아보고자 하였다(Dijksterhuis, 2004). 그는 실험 참여자들에게 아파트를 함께 사용할 룸메이트를 구하고 있다고 상상하도록 지시했다. 그리고 난 다음에 세 명의 룸메이트 후보의 긍정적 자질(예: 깔끔하다.)이나 부정적 자질(예: 잘 어지른다.)에 대한 총 36개의 정보를 제시했다. 개별 정보는 컴퓨터 화면에 2초간 무작위

순서로 제시되었다.

세 명의 룸메이트 후보 중에 A는 긍정적 자질 8개와 부정적 자질 4개를 가지고 있었다. 그리고 B는 긍정적 자질 6개, 부정적 자질 6개를 가지고 있었다. 마지막으로 C는 긍정적 자질 4개, 부정적 자질 8개를 가지고 있었다. 따라서 A, B, C 순으로 좋은 룸메이트 후보였다. 이 연구에서 룸메이트의 자질은 모두 비극단적인 정보로 구성되었다. 극단적인 정보(예: 강도 전과가 있다.)가 제시되면 룸메이트 자질의 긍정/부정 비율이 아니라 단 하나의 극단적인 정보에 의해 판단이 좌우될 가능성이 크기 때문이다.

세 명의 룸메이트 후보에 대한 36개의 정보를 모두 제시하고 난 후에 참여자들에게 룸메이트 후보들에 대해 평가하도록 했다. 세 가지 판단 조건이 있었다. 첫 번째 즉시 판단 조건에서는 정보 제시가 끝나자마자 바로 평가가 이루어졌다. 아무 생각도 하지 않은 채 즉시 판단하도록 한 것이다. 두 번째 의식적 판단 조건에서는 정보 제시가 끝난 후에 4분 동안 고민할 시간을 주었다. 즉, 세 명의 룸메이트에 대해 아주 세심하게 생각해 보라고 지시했다. 세 번째 무의식적 판단 조건에서는 세 명의 룸메이트에 대한 의식적 사고를 하지 못하도록 방해했다. 정보 제시가 끝난 후 4분 동안 다른 과제를 수행하게 함으로써 룸메이트 후보들의 자질에 대해 잠시 잊고 있도록 만든 것이다.

결과는 놀라웠다. 세 번째인 무의식적 판단 조건에서 룸메이트

A가 룸메이트 C보다 좋은 후보라는 것을 가장 잘 파악한 것으로 나타났다. 즉, 좋은 후보와 나쁜 후보의 차이를 가장 명확하게 알아차린 것이다. 또한 즉시 판단 조건보다는 의식적 판단 조건에서 좋은 후보를 잘 가려낸 것으로 나타났다. 즉, 정보를 받고 그 즉시 판단하는 것보다는 주어진 정보를 토대로 따져 보고 판단하는 것이 더 나았다.

하지만 무의식적 판단 조건의 참여자들이 의식적 판단 조건의 참여자들보다 좋은 후보와 나쁜 후보를 더 명확하게 구분해 내는 것으로 나타났다. 즉, 주어진 복잡한 정보에 대해 의식적으로 열심히 고민하는 것보다는 무의식에게 복잡한 정보를 정리할 수 있는 시간을 준 것이 더 좋은 결과를 낳았다. 이러한 결과는 우리가 아무것도 안 하고 있다고 생각하고 있는 동안에도 무의식이라는 슈퍼 컴퓨터는 착실히 작동되고 있었다는 것을 보여 준다. 다른 과제에 의식을 집중하고 있던 4분 동안에도 무의식은 룸메이트 후보들에 대한 정보를 분류하고 정리하고 있었던 것이다.

실제로 이들의 추가 연구에서는 룸메이트에 대한 36개의 정보를 모두 제시한 후에 재인검사라는 일종의 기억검사를 했다. 룸메이트의 이름을 지우고 36개의 자질에 대한 정보만을 하나씩 무작위로 다시 보여 주고, 그 자질이 어떤 룸메이트의 것이었는지 답하도록 한 것이다. 결과에 따르면, 무의식적 판단 조건의 참여자들은 다른 조건의 참여자들보다 정보를 더 명확하게 대비시키는 방식으로 조직화한 것으로 나타났다. 즉, 무의식적 판단 조건의 참여자들은, 다른 조건의 참여자들에 비해 좋은 후보자(긍정적 자질을 부정적 자질보다 더 많이 가지고 있는 A)의 긍정적 자질과 나쁜 후보자(부정적 자질을 긍정적 자질보다 더 많이 가지고 있는 C)의 부정적 자질을 더 잘 기억하는 것으로 나타났다. 즉, 우리의 무의식이 의사 결정을 더 용이하게 할 수 있는 방식으로 정보를 분류하고 재조직화한 것이다.

점화효과는 17년 후에도 지속된다

안타깝게도 무의식의 무의식에 남겨진 흔적을 우리의 의식은 볼 수 없다. 그래서 그 흔적이 얼마나 오랫동안 남아 있는지도 알 수 없다. 따라서 점화효과가 얼마나 오랫동안 유지되는지도 알 길이 없다. 하지만 최근에 보고된 연구들은 점화효과가 생각보다 오래 지속된다는 것을 보여 준다. 데이비드 미첼(David Mitchell)은 실험 참여자들에게 우리가 일상에서 볼 수 있는 대상의 윤곽을 선으로 그린 그림을 보여 주고, 그림 속 대상의 이름이 무엇인지 쓰게 하는 과제를 실시하였다(Mitchell, 2006). 17년이 지난 후에 미첼은 다시 참여자들에게 그림을 보여 주었다. 그림은 17년 전에 제시되었던 것도 있었고, 새로운 그림도 있었다. 17년 전과 달랐던 것은 이번에는 그림의 선이 분절되어 있었다

는 것이다. 즉, 완선한 그림이 아니라 선과 선 사이의 중간중간
이 지워진 그림이었다. 따라서 그림 속 대상이 무엇인지 파악하
기가 어려웠다.

그런데 놀랍게도 참여자들은 분절된 그림임에도 불구하고, 17년
전에 봤던 그림의 경우에 처음 본 그림보다 그 대상의 이름이 무
엇인지 더 정확하게 답했다. 또한 17년 전에 실험에 참여했던 사
람들은 당시 실험에 참여하지 않았던 다른 참여자보다도 17년
전에 봤던 그림의 분절 형태가 제시되었을 때, 그것이 무엇인지
더 정확하게 파악했다. 하지만 실험에 참여했던 사람들은 17년
전에 자신이 실험에 참여했다는 사실을 전혀 기억하지 못하고 있
었다. 심지어는 실험이라는 것을 했는지조차 기억하지 못했다.

17년 전에 10분가량 참여했던 재미없는 실험을 기억하기란 그
누구에게나 쉽지 않은 일이다. 하지만 우리의 무의식은 기억하
고 있었다. 무의식의 기억이 분절된 그림의 이름을 맞추는 과제
의 수행을 촉진한 것이다. 17년 전의 점화가 강산이 두 번은 바
뀔 만한 세월이 흐른 후에도 무엇인지 알아보기도 어려운 분절
된 그림을 완성된 형태로 볼 수 있도록 도운 것이다.

점화효과는 사회적인 상황에서도 상당히 오랫동안 지속되는
것으로 보인다. 레이프 넬슨(Leif Nelson)과 마이클 노턴(Michael
Norton)의 연구에서는 도움 행동과 연합된 슈퍼 히어로를 점화시
켰다(Nelson & Norton, 2005). 세 달이 지난 후에 지역 고등학생을

위한 봉사 활동에 참여할 의사가 있다고 밝혔던 참여자들에게 전화해서 실제로 봉사 활동에 참여해 달라고 부탁했다. 그 결과, 세 달 전에 슈퍼 히어로가 점화된 사람들이 봉사 활동을 하기 위한 사전모임에 실제로 더 많이 얼굴을 드러낸 것으로 나타났다.

이러한 결과는 점화효과가 생각보다 오랜 시간 동안 지속된다는 것을 보여 준다. 또한 지적인 판단이나 평가에만 영향을 미치는 것이 아니라 행동에도 영향을 미친다는 사실을 보여 준다. 점화효과의 유통기한은 생각보다 길고도 강하다.

03

무의식적 모방

03

무의식적 모방

원숭이들이 사람의 흥미를 끄는 이유 가운데 하나는 우리가 어떤 행동을 하면 따라 하기 때문이다. 원숭이는 인간의 행동도 따라 하지만 다른 원숭이의 행동도 바로바로 모방하는 경향이 있다. 원숭이들이 다른 대상의 행동을 보기만 해도 거의 자동적으로 이를 모방하는 이유 중 하나는 원숭이의 뇌 속에 그것을 가능하게 하는 장치가 이미 장착되어 있기 때문이라고 한다.

자코모 리촐라티(Giacomo Rizzolatti) 등의 연구자들은 짧은꼬리원숭이의 전운동피질(premotor cortex)의 뉴런들은 자신이 어떤 제스처를 취할 때도 흥분하지만 다른 원숭이가 동일한 제스처를 취하는 것을 관찰하기만 해도 흥분한다는 것을 발견했다(Gallese, Fadiga, Fogassi, & Rizzolatti, 1996; Rizzolatti, Fadiga,

Gallese, & Fogassi, 1996). 이 뉴런들은 자신의 행동을 마치 거울로 보는 것처럼, 즉 타인의 행동을 관찰하기만 해도 마치 자신이 그 행동을 하고 있는 것처럼 흥분하기 때문에 '거울뉴런(mirror neurons)'이라고 불린다.

원숭이들만 상대의 행동을 모방하는 것이 아니다. 사람들도 자동적으로, 무의식적으로 상대의 행동을 모방하는 경향이 있다. 옆에 있는 사람이 다리를 떨면, 어느샌가 자기도 모르게 다리를 떨고 있는 자신을 발견하는 경우가 종종 있다.

지각-행동 간 고속도로

타니아 차트랜드(Tanya Chartrand)와 존 바지(John Bargh)의 연구에서는 실제 실험 참여자가 과제를 수행하고 있는 동안에 실험 참여자로 위장한 실험 공모자(연구자의 지시에 따라 행동하는 일종의 도우미)의 행동을 변화시켰다(Chartrand & Bargh, 1999). 공모자는 과제를 수행하면서 반복적으로 다리를 떨거나 코를 문질렀다. 결과에 따르면, 공모자가 코를 문지른 조건에서는 참여자의 코 문지르기 빈도가 다리 떨기 빈도보다 더 많은 것으로 나타났다. 반대로, 공모자가 다리를 떨었던 조건에서는 참여자의 다리 떨기 빈도가 코 문시르기 빈도보다 더 많았던 것으로 나타났다. 흥미로운 점은 실험 참여자는 자신이 공모자의 행동을 따라

했다는 사실을 전혀 자각하지 못했다는 것이다. 참여자들은 자신도 모르는 사이에 무의식적으로 타인의 단순행동을 따라한 것이다.

이 실험에서 공모자와 참여자는 서로 모르는 사람이었다. 또한 실험에서 주어진 과제는 독자적으로 수행하는 것이었기 때문에 실험 도중에 공모자와 참여자 간의 사회적인 상호작용도 일어나지 않았다. 즉, 실험 도중에 공모자와 참여자는 대화를 나누거나 신호를 주고받지 않았다. 실험 당시의 사회적 상호작용 상황에서 상대방을 기분 좋게 하거나 상대방에게 좋게 평가받기 위해서 특정한 행동을 해야 할 필요가 없었다. 따라서 참여자가 공모자의 행동을 따라 해야 할 아무런 이유도 없었다. 하지만 참여자는 무의식적으로 타인의 단순행동을 모방했다.

모방행동은 점화의 가장 단순한 형태다. 타인의 행동에 대한 지각이 즉각적으로 자기 행동의 활성화를 촉진하기 때문이다. 차트랜드와 바지의 연구는 타인의 다리 떨기에 대한 지각, 즉 다리 떨기를 보는 것이 자신도 모르는 사이에 자신의 다리 떨기 행동을 촉진한다는 것을 보여 준다.

이는 마치 우리 머릿속에 지각-행동 간 고속도로(Dijksterhuis, Chartrand, & Aarts, 2007)가 존재하기 때문에 일어날 수 있는 현상처럼 보인다. 지각이 단순 모방행동으로 곧바로 이어지도록 만드는 고속도로가 있는 것처럼 지각은 동일한 행동의 활성화를 촉진한다. 다리 떨기나 코 문지르기보다는 조금 더 사회적인 수준의 행동에서도 단순 모방이 일어난다.

루시 존스턴(Lucy Johnston, 2002)의 연구에서 실험 참여자에게 주어진 과제는 아이스크림의 맛을 보고 아이스크림이 얼마나 맛있는지 판단하는 것이었다. 이 실험에도 공모자가 존재했는데, 공모자는 실제 실험 참여자보다 먼저 아이스크림을 시식했다. 한 조건에서 공모자는 숟가락으로 매우 적은 양의 아이스크림을 떠서 맛보았고, 다른 조건에서는 많은 양의 아이스크림을 시식하였다. 종속측정치는 참여자들이 떠먹은 아이스크림의 양이었다. 결과에 따르면, 참여자들이 시식한 아이스크림의 양은 실험 조건에 따라 유의미하게 달라졌다. 즉, 공모자가 적은 양의 아이스크림을 먹었던 조건보다 많은 양의 아이스크림을 떠먹었던 조건에서 실험 참여자들이 시식한 아이스크림의 양이 더 많은 것으로 나타났다.

실험이 종료되고 난 다음에 이루어진 확인 절차에 따르면, 실험 참여자들은 자신의 행동이 공모자의 행동에 영향을 받았다는 사실을 전혀 의식하지 못하는 것으로 나타났다. 이러한 결과는 아이스크림 시식과 같은, 다리 떨기나 코 문지르기보다는 사회적인 행동도 이를 지각하는 순간 거의 무의식적으로 모방하게 된다는 것을 보여 준다.

자세가 닮았다

　우리가 타인의 행동을 지각하는 순간 자동적으로 모방한다면, 누군가와 대화를 나누는 동안에 상대방의 자세나 신체적 행동을 모방할 가능성이 클 것이라고 예상할 수 있다. 상대가 턱을 괴면 자신도 턱을 괴고, 상대가 눈을 만지작거리면 자신도 눈에 손이 갈 가능성이 커진다는 것이다. 따라서 대화를 나누는 사람들 간에 자세나 행동이 비슷해질 가능성이 크다.

　프랭크 베르니에리(Frank Bernieri)는 이러한 가능성을 알아보기 위한 연구에서 참여자 A와 B가 상호작용하는 모습을 녹화했다(Bernieri, 1988). 그다음 A는 C라는 다른 참여자와 상호작용하고, B는 D와 상호작용하는 모습을 녹화했다. 그리고 난 후에 A와 C가 녹화된 비디오에서 A의 모습만 삭제했다. 마찬가지로, B와 D가 녹화된 비디오에서 B의 모습만 삭제했다. 그런 다음에 A와 B의 모습을 연결해서 마치 A와 B가 상호작용하는 것처럼 보이는 비디오를 만들었다. 실제로 A와 B는 다른 상대와 대화했지만, 조작된 비디오에서는 A와 B가 서로 대화하고 있는 것처럼 만든 것이다. 결과적으로 A와 B가 상호작용하는 모습이 담긴 두 개의 비디오가 완성되었다. 하나는 실제로 둘이 상호작용하는 것이었고, 다른 하나는 조작된 것이었다. 이 두 비디오를 제3의 실험 참여자들에게 보여 준 다음 각각의 비디오에서 A와 B의 자세 유사성을 평가하도록 하였다. 이 연구 결과에 따르면, 참여자들은 조작된 비디오보다 실제 비디오에 나오는 A와 B의 자세 모방성이 더욱 높은 것으로 지각하였다.

실제로 A와 B가 상호작용한 모습을 녹화한 비디오 화면에서는 A와 B가 상대의 자세를 자신도 모르는 사이에 모방했다. 그 결과 A와 B는 서로 비슷한 자세를 취하게 된 것이다. 하지만 조작된 비디오의 실제 상황에서는 A는 C의 행동을 모방하고, B는 D의 행동을 모방했기 때문에 둘의 자세는 서로 차이가 났다. 일상생활에서 누군가를 만나고 대화하는 동안 사람들은 자신도 모르는 사이에 상대의 자세와 행동을 보고 모방한다. 상대의 자세와 행동에 대한 지각이 자동적으로 동일한 행동의 모방을 촉진하기 때문이다.

목소리가 닮았다

우리가 무의식적으로 모방하는 것은 행동과 자세만이 아니다. 타인의 목소리를 모방하기도 한다. 개그맨들은 다른 사람의 목소리를 의도적으로 모방하기도 한다. 하지만 상대의 목소리를 무의식적으로 따라 하는 경우도 많다. 어떤 가수의 노래를 따라 부르다 보면 그 가수의 동작뿐만 아니라 목소리를 자신도 모르게 따라 한다.

가수 임재범의 노래를 따라 부를 때는 자신의 목소리가 임재
범의 굵은 목소리와 비슷해졌다가 가수 박정현의 노래를 부를
때는 박정현의 가는 목소리에 가까워지는 것을 발견할 것이다.
노래할 때 한 가수의 모습이 머릿속에 떠오르면(지각) 목소리와
몸짓(행동)은 무의식적으로 그 가수의 행동을 따라 하게 되는 것
으로 보인다.

실제로 연구들은 모방행동이 무의식적으로 일어날 가능성이
있다는 것을 보여 준다. 롤란드 노이만(Roland Neumann)과 프리
츠 스트랙(Fritz Strack)은 목소리의 음조 역시 모방될 수 있다는
것을 보여 주었다(Neumann & Strack, 2000). 실험 참여자들은 자
신과 상호작용하게 될 사람의 목소리가 녹음된 테이프를 들었는
데, 슬픈 음조로 녹음된 목소리를 들은 참여자는 슬픈 음조의 목
소리로 이야기하는 것으로 나타났다. 하지만 행복한 음조로 녹
음된 목소리를 들은 실험 참여자는 행복한 음조의 목소리로 이
야기한다는 것이 밝혀졌다.

무의식적 모방의 진화적 가치

사람들이 타인의 행동을 지각하기만 해도 그 행동을 무의식적
으로 모방한다는 연구(Chartrand & Bargh, 1999; Johnston, 2002)는
원숭이뿐만 아니라 사람 뇌에도 거울뉴런이 존재할 것이라는 가

정을 가능하게 한다. 실제로 마르코 야코보니(Marco Iacoboni) 등의 연구자들은 기능성 자기공명영상, 즉 fMRI(functional Magnetic Resonance Imaging) 장치를 이용해서 사람의 뇌에서 지각과 단순 운동행동의 수행을 동시에 담당하는 영역을 확인하였다 (Iacoboni et al., 1999). 그렇다면 우리는 왜 뇌에 거울뉴런을 가지고 태어난 것일까? 단순히 타인의 행동을 따라 하도록 만들기 위해서 우리 뇌는 진화 과정에서 거울뉴런을 선택하고 지켜 온 것일까?

타인의 행동을 관찰하기만 해도 자신이 실제로 그 행동을 했을 때와 마찬가지로 흥분하는 거울뉴런의 존재는 우리가 타인의 행동을 보다 입체적으로 경험할 수 있게 해 준다(Iacoboni et al., 1999; Iacoboni et al., 2005). 즉, 타인의 행동을 단순히 관찰만 했음에도 이를 자신이 실제로 했을 때처럼 경험할 수 있다. 따라서 거울뉴런 덕분에 우리는 타인이 하는 특정 행동의 이유를 그 사람의 관점에서 훨씬 더 쉽게 이해할 수 있다.

마르코 야코보니 등은 거울뉴런이 인간의 생존과 사회생활에 어떠한 기능을 제공하는지 알아보고자 하였다(Iacoboni et al., 2005). 이를 위해서 이들은 세 가지 실험 조건에서 인간의 거울뉴런이 어떻게 반응하는지 알아보았다. 한 조건에서는 아무런 배경 정보가 제시되지 않은 상태에서 행동 정보만을 제시하였다. 맥락 정보가 없는 상황에서 인간의 손이 나와서 무언가를 잡는 행동을 보여 주었다. 두 번째 조건에서는 맥락 정보만 제시되었다. 인간의 손이 무언가를 할 때 커피 잔이나 수세미와 같이 필요한 대상만이 제시되었다. 세 번째 조건에서는 맥락 정보와 행동이 모두 제시되었다. 맥락이 있는 상황에서 손으로 커피 잔을 잡거나 수세미로 접시를 닦는 것과 같은 손의 움직임이 제시된 것이다.

연구 결과에 따르면, 행동이 맥락 속에서 이루어질 때 다른 조건에서보다 거울뉴런이 강하게 반응했다. 즉, 행동이나 맥락만 제시된 조건보다는 행동과 맥락이 함께 제시된 조건에서 거울뉴런은 민감하게 반응한 것이다. 맥락 혹은 행동만 제시된 경우에는 상대방이 왜 그런 행동을 하는지에 대한 의도를 파악하기 힘들다. 반면에 맥락과 행동이 함께 제시된 경우에는 상대방의 행동 의도를 파악하기가 훨씬 더 쉽다. 즉, 무언가를 허공에서 잡으려고 하는 손만 보거나 커피 잔만 보았을 때는 상대방이 어떤 의도를 가졌는지 파악하기가 훨씬 더 힘들다. 하지만 상대방의 손이 커피 잔을 쥐고 있는 모습을 보았을 때 우리는 이 사람의 행동 의도를 파악할 수 있다. 따라서 행동과 맥락이 함께 제시된 조건에서 거울뉴런이 강하게 반응했다는 이 연구 결과는 거울뉴런이 타인의 목표, 욕구, 소망과 같은 행동 의도를 이해하는 데도 관여할 가능성이 크다는 것을 시사한다.

공감 능력과 거울뉴런

영화를 보고 있는 동안에 우리는 주인공과 같은 기분을 맛보게 된다. 만약 주인공이 악마 같은 범인에게 쫓기고 있다면, 주인공이 잡힐 뻔하다가 아슬아슬하게 탈출하는 순간에 관객은 안도의 한숨을 쉰다. 반대로 주인공이 정의로운 형사라면 범인을 잡을 뻔하다가 놓치는 순간에 안타까움의 탄식을 내뱉을 것이다. 이는 관객이 주인공과 그가 처한 상황에 공감하기 때문에 발생하는 현상이다.

상대방에 대한 공감이 이루어지기 위해서는 상대방이 처한 상황을 자신의 것처럼 느낄 수 있는 능력이 필요하다. 즉, 상대방의 목표, 욕구, 소망과 같은 행동 의도를 이해할 수 있을 때 공감이 가능하다. 거울뉴런의 존재는 우리가 공감할 수 있는 능력을 갖추고 태어난다는 것을 의미한다. 거울뉴런의 반응은 신경 수준에서 자동적으로 이루어진다. 따라서 우리는 공감의 신경학적 토대를 마련한 채로 태어나는 것이다.

타인의 행동 의도를 파악하는 것은 매끄러운 사회적 상호작용에 필수적이다. 왜냐하면 상대방의 의도와 동기를 파악해야 상대방이 미래에 어떤 행동을 할지 예측하는 것이 수월해지기 때문이다. 따라서 상대의 의도와 동기를 빠르고 정확하게 파악할 수 있는 능력을 갖추고 있는 사람이 그렇지 않은 사람보다 미래의 상황을 좀 더 정확하게 예측하고, 적절한 대비책을 준비할 수 있다. 그렇게 되면 상대방과의 상호작용을 성공적으로 이끌 확률이 더 높아지고, 나아가서는 생존 확률도 높아진다.

타인의 행동을 모방한 결과를 상대의 의도와 목표에 대한 해석을 담당하는 뇌의 인접 영역에 전달함으로써 타인의 행동을 통합적으로 이해하는 데 도움을 주는 거울뉴런의 존재는 사회생활, 더 나아가 진화적 관점에서는 생존에 있어서 매우 중요한 역할을 한다고 볼 수 있다. 그렇다면 만약 거울뉴런이 제 기능을 발휘하지 못하면 어떤 문제가 발생할까?

모방하지 못하는 자의 슬픔

대니얼 태멋(Daniel Tammet)은 3.14로 시작해서 끝없이 이어지는 원주율(π, 파이)의 2만 2514개 숫자를 5시간 9분 54초에 걸쳐서 정확하게 기억해 내 유럽에서 신기록을 달성한 사람이다 (Johnson, 2005). 그는 숫자에 대해서는 기억력이 엄청나게 정확하지만, 왼쪽과 오른쪽도 구분하지 못하며 자동차를 운전하지도 못한다. 그는 자폐증을 지니고 있다.

자폐증의 가장 큰 특징은 타인과의 의사소통에 장애가 있는 것이다. 다른 사람들의 관점에서 세상을 보지 못하고, 보려고 하지도 않는다. 결국 사회적 상호작용이 불가능하고 동료 관계를 형성하지 못한다. 말 그대로, 자신만의 세상에 스스로 갇혀서 살게 되는 것이다. 자폐증이 있는 사람에게 가장 부족한 능력 중 하나는 바로 모방 능력이다.

최근 연구에 따르면, 자폐증의 경우 타인의 행동을 따라 하는 모방행동을 적게 하고, 타인의 행동 모방과 관련된 뇌 부위 활동이 매우 적은 것으로 나타났다(Perra et al., 2008; Senju et al., 2007).

이러한 모방 능력의 부족은 거울뉴런의 문제와 관련된 것으로 보인다(Oberman & Ramachandran, 2007). 자폐증의 경우 타인의 안면근육 변화가 어떤 정서를 신호하는지 파악하지 못하고(Frith & Frith, 2001), 다른 사람의 손의 움직임을 봤을 때 거울뉴런의 활동이 매우 적은 것으로 나타났다(Oberman & Ramachandran, 2007). 즉, 타인의 관점을 취할 수 있도록 만드는 뇌 영역 간의 의사소통 문제가 자폐증의 원인일 가능성이 제기되고 있다.

거울뉴런이 기능을 제대로 수행하지 못하기 때문에 자폐증이 발생할 수 있다는 최근 연구는 우리가 타인의 행동을 지각하자마자 자동적으로 모방할 수 있는 능력을 갖추고 있는 것이 타인의 다리 떨기를 모방하는 것 이상의 중요한 사회적 기능을 제공한다는 것을 시사한다. 정신 표상에 지각-행동 간 고속도로를 건설하는 데 필수적인 생물학적 기초단위인 거울뉴런에 문제가 있을 때, 지각-행동 간 고속도로 건설은 불가능하게 되고, 결국 원만한 사회적 의사소통과 공감 능력의 붕괴를 초래한다. 남이 다리를 떨 때 자동적으로 내 다리가 떨리는 것에 감사해야 하는 이유가 여기에 있다.

당하면 좋다

타인의 행동을 지각하는 것이 곧바로 무의식적 모방행동을 일으키는 이유 중 하나는 이러한 자동적인 모방이 사람들 간에 호감을 증진하고, 조화로운 상호작용을 가능하게 하는 기능이 있기 때문이라고 한다. 이러한 가정을 검증하기 위해서 제러미 베일렌슨(Jeremy Bailenson)과 닉 이(Nick Yee)는 실험 참여자와 가상현실 공간의 '아바타'가 상호작용하는 상황에서 아바타가 실험 참여자의 행동을 모방하도록 조작하였다(Bailenson & Yee, 2005). 모방 조건에서는 컴퓨터 화면 속 아바타가 실험 참여자의 머리 움직임을 정확히 4초 후에 모방하도록 했다. 반면 비모방 조건의 아바타는 실험 참여자의 머리 움직임과 다르게 반응하도록 했다.

이때 실험 참여자는 자신의 움직임이 아바타에 의해 모방되고 있다는 사실을 전혀 의식하지 못한 것으로 드러났다. 하지만 자신의 행동을 지연 모방한 아바타를 더 좋아했고 오래 쳐다보았다. 이러한 결과는 비생명체와의 상호작용에서도 사람들은 자신의 행동을 모방해 주는 대상에게 무의식적으로 호감을 느끼게 되는 경향이 있다는 것을 보여 준다. 즉, 모방을 당한 사람은 자신을 모방한 대상에게 호감을 느끼게 되는 것이다.

친하게 지내자는 무의식의 신호

만약 자동적인 모방이 사람 간 호감은 물론 사회적 관계를 증진하는 기능이 있다면, 사람들은 타인과 함께 있고 친해지고 싶은 유친 동기를 유발하는 상황에서 무의식적인 모방행동을 할 가능성이 크다고 예상할 수 있다. 제시카 라킨(Jessica Lakin)과 타니아 차트랜드는 어떤 사람과 친하게 지내려는 목표를 성취하지 못한 사람은 이러한 목표를 성취한 사람보다 다른 유친 대상의 행동을 자동적으로 모방하려는 경향이 강하게 나타난다는 것을 보여 주었다(Lakin & Chartrand, 2003).

이 연구에서 실험 참여자들은 식역하로 유친 목표가 점화되거나 통제조건에 할당되었다. 그리고 난 후에 첫 번째 공모자와 친하게 지내고자 하는 목표를 성취하거나 성취하지 못하도록 상황을 조작하였다. 그다음 참여자들은 두 번째 공모자와 상호작용을 하였다. 그런데 두 번째 공모자는 실험 참여자와 상호작용하는 내내 다리를 떠는 행동을 했다.

첫 번째 공모자와 친하게 지내는 데 실패한 참여자들은 두 번째 공모자와 친하게 지내려는 욕구가 강하게 남아 있기 때문에 무의식적으로 두 번째 공모자의 다리 떨기 행동을 모방할 것이라고 예상하였다.

실험 결과에 따르면, 무의식적으로 유친 동기가 활성화되지 않았던 조건에서는 참여자들이 첫 번째 공모자와 유친에 성공하거나 실패하는 것과는 무관하게 같은 정도로 두 번째 공모자의 행동을 모방했지만, 무의식적으로 유친 동기가 활성화된 조건에서는 첫 번째 공모자와 유친에 실패한 참여자들이 성공한 참여자들보다 두 번째 공모자의 다리 떨기 행동을 더 자주 모방했다.

이러한 결과는 다른 사람과 친하게 지내고 싶은 욕구가 있는 사람들이 이러한 욕구가 충족되지 않았을 때, 타인의 행동을 무의식적으로 모방하는 행동을 통해서 자신의 유친 욕구를 충족시키려고 한다는 것을 보여 준다. 무의식적 모방행동이 타인과 친하게 지내는 데 도움이 된다는 사실을 우리의 무의식은 알고 있는 것이다.

나는 관대하다: 무의식적 모방과 소비

누군가가 나의 행동을 모방하는 것이 나와 친해지고 싶은 무의식적 욕구의 반영이다. 실제로 자신의 행동을 모방하는 대상에게 무의식적으로 호감이 증가한다면, 그러한 상대에게 더 호의적으로 행동할 가능성도 클 것이라고 예상할 수 있다.

일상생활에서 타인의 행동을 반복적으로 모방하는 직업을 가진 사람들이 있는데, 그들은 바로 고객의 주문을 받는 사람들이다. 예를 들어, "따뜻한 카푸치노 한 잔 주세요."라고 주문하면, "따뜻한 카푸치노 한 잔 맞으시죠?"라고 고객의 주문을 반복하는 것이다. 레스토랑에서는 조금 더 복잡하다. 한 테이블에 앉은 서너 명의 고객이 주문한 음식을 일일이 다시 확인하곤 한다. 만약 모방행동이 모방당하는 사람에게 모방하는 상대에 대한 호감을 증가시킨다면, 현실 세계에서 우리가 실제로 경험하는 이러한 모방행동이 주문받는 사람에 대한 호감을 증가시키고, 더 나아가 이러한 호감이 상대에 대한 호의적인 행동으로 이어질 수도 있을까?

반 바렌(Van Baaren) 등은 식당에서 종업원의 언어적 모방을 경험한 손님이 종업원을 위해 더 많은 팁을 주는지 알아보고자 했다(van Baaren, Holland, Steenaert, & van Knippenberg, 2003). 실험에 참여한 손님은 모방 집단과 비모방 집단에 무작위로 할당되었다. 손님이 식당에 들어오면 종업원은 자리를 안내하고 주문을 받는데, 이때 손님의 주문 내용을 반복하는 방식으로 모방했다. 비모방 조건에서는 손님의 주문을 이해했다는 표시로 오케이 사인만 보냈다. 식사를 모두 마친 손님들이 두고 간 팁의 양을 측정한 결과, 모방을 당했던 참여자들이 그렇지 않은 참여자들보다 68%나 더 많은 팁을 두고 간 것으로 나타났다.

두 번째 실험에서는 첫 번째 실험에서 나타난 문제점을 보완하고자 하였다. 일단 종업원이 실험 가설이 무엇인지 알지 못하도록 하였다. 실험 가설을 알면 주문을 반복하면서 더 친절한 목소리와 인상으로 행동하고, 비모방 조건에서는 불친절하거나 딱딱한 표정으로 주문을 받을 가능성이 있기 때문이었다. 또한 첫 번째 실험에서 팁을 많이 준 이유가 단순히 모방 때문이 아니라 종업원의 모방행동이 주문을 잘 이해했다고 생각하게 만들어서 팁을 많이 놓고 갔을 것이라는 대안적 가설이 맞는지 확인하고자 했다.

이를 위해 비모방 집단에서 종업원은 언어적으로 손님의 주문을 반복하지 않고 손님의 주문 내용을 노트에 적도록 했다. 따라서 손님의 주문 내용은 충분히 이해하고 있다는 것을 손님에게 보여 주었지만, 손님의 행동을 모방하지는 않았다. 마지막으로, 모방 때문에 팁의 양이 많아진 것인지, 모방하지 않아서 팁의 양이 적어진 것인지를 알아보기 위해 실험 2주 전에 평균적인 팁의 양을 측정해서 비교 기준으로 삼았다.

실험 결과에 따르면, 손님들은 종업원에게서 언어적 모방을 경험했을 때(모방 조건), 모방을 경험하지 못했을 때(비모방 조건)보다 팁을 더 많이 두고 간 것으로 나타났다. 이러한 경향은 종업원이 실험 가설에 노출되었는지와는 관련이 없었다. 즉, 종업원이 가설을 알든 모르든 간에 종업원의 모방행동은 손님이 더 많은 팁을 수도록 만들었다. 특히 모방 조건에서는 2주 전에 두고 갔던 기준 팁의 양보다 더 많은 팁을 남기고 간 반면, 비모방 조건에서 팁의 양은 비교 기준 팁과 차이가 없었다. 이러한 결과는 손님의 주문을 따라서 반복하는 언어적 모방행동이 손님을 더 관대하게 행동하게 한다는 것을 보여 준다.

로빈 태너(Robin Tanner) 등의 연구에서는 언어적 모방을 하지 않고 단순히 자세만을 모방하더라도 소비자들은 기꺼이 상대가 원하는 방식대로 행동할 가능성이 크다는 것을 보여 준다(Tanner, Chartrand, & van Baaren, 2006). 이들은 실험 참여자가 음료에 관한 많은 설문 문항에 응답하도록 하였다. 실험 참여자가 설문 문항에 응답하는 동안 공모자는 참여자의 자세를 모방하거나 혹은 반대 자세를 취했다. 설문이 끝난 후, 공모자는 실험 참여자에게 새로운 이온음료를 원하는 만큼 맛보고 평가해 달라고 요청하였다.

결과에 따르면, 공모자가 참여자의 자세를 그대로 모방한 조건의 참여자들이 반대 자세를 취한 조건의 참여자들보다 이온음료를 더 많이 마셨고, 구매 의도도 더 강하게 나타냈다. 이러한 연구 결과는 모방은 모방당하는 사람이 자신의 행동을 모방한 사람에게 더 호의적으로 행동하게 만듦으로써 모방행동을 한 사람의 적응에 도움이 된다는 것을 보여 준다.

무의식적 모방과 창의성

모방은 대인관계에서 사람들이 사용하는 대표적인 신호 중 하나다. 모방은 친화적이고 협력해야 하는 상황에서는 증가하지만 (Lakin & Charrtand, 2003; Maddux, Mullen, & Galinsky, 2008), 유친 동기가 적을 때는 줄어드는 경향이 있다(Johnston, 2002; Karremans & Verwijmeren, 2008; Yabar, Johnston, Miles, & Peace, 2006). 모방이 타인과의 협력과 유친 동기를 신호한다면, 이러한 신호를 받은 사람의 사고는 어떻게 변화할 것인가?

타인과의 협력이나 협동을 위해서는 다른 사람들과 생각을 공유하는 것이 필수적이다. 즉, 집단 구성원들과 특정 사안에 대해 큰 이견이 없어야 원활한 협력이 가능하다. 따라서 다양한 정보 간의 관계나 패턴의 유사성을 찾아서 하나의 범주로 묶는 수렴적 사고가 타인과의 협동이나 협력 시에 적합하다(Bahar & Hansell, 2000; Larey & Paulus, 1999). 만약 우리의 정신 표상에 모방이 협력과 연합되어 있고, 협력은 수렴적 사고 패턴과 연합되어 있다면, 모방행동은 수렴적 사고 패턴의 활성화를 촉진할 가능성이 클 것이다.

이러한 가능성을 알아보기 위해서 애슈턴-제임스(Claire Ashton-James)와 타니아 차트랜드는 실험 참여자들을 각각 모방 조건과 비모방 조건에 무작위로 할당하고 5분 동안 중립적인 주제를 가지고 공모자와 대화하도록 했다(Ashton-James & Chartrand, 2009). 참여자와 대화하는 동안 공모자는 참여자의 표정과 몸짓 등을 모방하거나 모방하지 않았다. 그런 후에 참여자들은 수렴적 사고를 측정할 수 있는 패턴 인식 과제(Brophy, 1998)를 수행하였다. 실험 참여자들은 모방에 대한 의식적 자각이 없었던 것으로 드러났다.

실험 결과, 모방을 받았던 참여자들이 모방을 받지 않았던 참여자들보다 패턴 인식 과제에서 정확성이 높은 것으로 나타났다. 즉, 모방행동을 통해 협력 신호를 받은 참여자들은 협력에 적합한 사고방식인 수렴적 사고로 세상을 보기 시작했다. 모방행동이 수렴적 사고 패턴의 활성화를 촉진한 것이다.

하나의 정답에 수렴하는 사고는 타인과의 협력을 유지하는 데는 유용하지만 반대로 새로운 관점으로 세상을 보고 창의적인 사고를 하는 것은 가로막는 경향이 있다. 창의적인 사고는 남들과는 다른 방식으로 문제를 바라볼 때 가능하기 때문이다. 따라서 창의성에는 즉흥적이고 혁신적인 방식으로 프레임(frame) 밖의 것을 생각하는 확산적 사고가 더 적합하다(Nemeth & Goncalo, 2005).

또한 남들과 다른 생각을 하기 위해서는 개인의 독립성이 중요한데, 비모방은 타인과의 관계로부터 개인이 독립되었다는 것을 신호할 가능성이 크다. 만약 비모방이 개인의 독립성과 연합되어 있고 독립성은 확산적 사고 패턴과 강하게 연합되어 있다면, 비모방은 확산적 사고를 촉진할 가능성이 크다고 예상할 수 있다. 이러한 조건에서 창의적인 결과를 기대해 볼 수 있다.

애슈턴-제임스와 타니아 차트랜드는 두 번째 실험에서 참여자들을 모방 혹은 비모방 조건에 할당한 뒤, 제품에 참신한 이름 붙이기 과제를 시행하였다(Galinsky, Magee, Gruenfeld, Whitson, & Liljenquist, 2008). 참여자는 제품 6개의 이름 예시를 제시받았다. 가령, 파스타의 이름을 붙이는 과제는 6개의 예가 모두 'oni' 혹은 'ti'로 끝나는 것들을 제시했다(예: rigatoni, spaghetti). 그리고 이때 제시된 예와 다른 방식으로 이름을 붙이면 참신하고 창의적인 것으로 간주했다. 연구 결과에 따르면, 모방을 받지 않은 조건에서 모방을 받은 조건에서보다 제품 이름을 더 창의적으로 만든 것으로 나타났다.

이러한 연구 결과는 무의식적으로 경험한 단순 모방이 우리의 사고 패턴에 자동적으로 영향을 줄 수 있다는 것을 보여 준다. 상대가 자신의 행동을 모방하는 경우에 이것이 협력 가능성에 대한 사회적 요구를 신호함으로써 수렴적 사고를 유도하고, 상대의 모방이 없는 경우에는 즉흥성이나 혁신성에 대한 사회적 요구를 무의식적으로 신호함으로써 확산적 사고를 유도한 것이다.

친사회적 행동의 일반화

여러 연구에서 모방이 연민, 호감, 긍정적 관계를 증가시키는 적응적인 기능을 제공한다는 것을 보여 준다(Chartrand, Maddux, & Lakin, 2005). 타니아 차트랜드와 존 바지의 연구에서는 모방을 당한 집단에서 모방당하지 않은 집단에서보다 공모자를 더 좋게 평가하였고, 상호작용이 부드럽게 진행되었음을 보고하였다(Chartrand & Bargh, 1999). 또한 모방은 현실 세계에서도 긍정적인 행동 효과를 유발하였다. 즉, 식당에서 종업원이 손님의 언어를 모방했을 때 손님이 남긴 팁의 양이 증가한다는 것을 보고하였다(van Baaren, Holland, Steenaert, & van Knippenberg, 2003).

모방의 효과가 특정 모방자에 대한 친사회성의 증가에 의해서인지, 전반적인 친사회적 경향의 증가에 의해서인지는 불분명하다. 반 바렌 등은 모방효과가 모방자가 아닌 타인에게도 일반화되는지를 알아보고자 하였다(van Baaren, Holland, Kawakami, & van Knippenberg, 2004). 이를 위해서 참여자에게 특정 광고에 대한 반응을 알아보기 위한 마케팅 연구라고 실험을 소개하고, 10개의 광고에 대해 의견을 말하도록 하였다. 이때 절반은 행동적 모방을 경험하게 하였고, 나머지 참여자들은 모방을 받지 않았다. 모방 절차 이후에 참여자들은 다른 연구에 참여하기 위해서 옆방으로 이동하였다. 이때 처음 본 다른 실험자가 펜을 떨어뜨렸다.

실험 결과에 따르면, 모방을 경험했던 조건에서 그렇지 않았던 조건에서보다 자신을 모방한 사람이 아닌 제삼자가 떨어뜨린 펜도 더 자주 주워 주는 것으로 나타났다. 이러한 결과는 모방효과가 특정 모방자에 대해서만 발생하는 것이 아니고 모방행동을 하지 않았던 제삼자에게까지 일반화된다는 것을 보여 준다.

반 바렌 등은 모방이 단순히 펜을 주워 주는 행동이 아니라 대표적인 친사회적 행동인 기부행동에도 영향을 줄 수 있는지 알아보았다. 참여자들은 앞선 실험과 동일한 방식으로 모방을 경험하거나 경험하지 않고, 옆방으로 이동해서 자선단체에 대한 설문에 응답하였다. 모든 질문에 대한 응답이 끝나고 난 다음에 자선단체에 기부할 기회를 제공했다.

책상 위에는 기부함이 있었고 참여자들에게는 실험 참여의 보상으로 받은 50센트(Cent) 동전 4개가 있었다. 결과에 따르면, 실험 진행자가 모방을 직접 했는지와는 무관하게 모방을 경험했던 조건에서 그렇지 않은 조건에서보다 더 자주, 더 많은 액수를 기부하였다.

이 실험 결과는 모방이 친사회적 행동을 촉진한다는 것을 보여 줄 뿐만 아니라, 모방으로 유발된 친사회적 행동이 자신을 모방한 특정 모방자에게만 적용되는 것이 아니라 모든 사람에게 일반화된다는 것을 보여 준다. 이는 모방을 경험한 것이 참여자들의 전반적인 친사회성을 증가시킨 결과로 해석할 수 있다. 다시 말해, 모방을 경험하는 것이 사람들이 환경이나 타인과의 상호작용을 지각하는 방식을 바꿀 수 있다는 것을 의미한다.

펜 돌리기: 문화와 무의식적 모방

사회심리학자들에 따르면, '자기(self)'란 '다른 사람들과 구분되는 자신만의 독립적인 정체성'으로 정의된다. 그런데 많은 연구는 문화적 배경에 따라 자기에 대한 해석이 달라질 수 있다는 것을 확인하였다(Markus & Kitayama, 1991). 서양과 같이 개인주의적 성향이 강한 사회의 구성원들은 독특한 특징이나 개성으로 자기를 정의하는 경향이 강하다(예: 나는 키가 크다. 나는 수영을 잘한다.). 하지만 동양처럼 집단주의적 성향이 강한 사회의 구성원들은 자신을 타인과 관련지어 생각하는 것으로 나타났다(예: 나는 지선이의 동생이다. 나는 영선이의 선배다.).

독립적인 관점으로 자신을 바라보는 것은 다른 사람들이나 주변의 맥락을 고려하기보다는 자신의 특징과 관련된 것을 먼저 생각하도록 만든다. 하지만 상호적인 관점에서 자신을 바라보는 것은 자신을 다른 사람들이나 집단에 관련된 사람으로 생각하고, 주변 맥락과의 관계적인 측면을 중요시하게 만든다. 따라서 독립적인 자기 해석을 하는 사람보다 상호 의존적인 자기 해석을 하는 사람이 타인의 관점이나 행동에 더 많이 영향을 받는다.

그 결과 다른 사람들의 행동도 더 모방할 가능성이 크다고 예상할 수 있다. 반 바렌 등(van Baarren, Maddux, Chartrand, Bouter, & van Knippenberg, 2003)은 이러한 자기 해석 방식의 차이가 모방 행동에 영향을 미칠 가능성에 대해 알아보고자 하였다.

그들은 첫 번째 연구에서 독립적 자기가 점화되면 다른 사람에 대한 모방이 줄어드는지 알아보고자 하였다. 연구자들은 실험에 참여한 사람들에게 다른 참여자(사실은 공모자)와 함께 낯선 언어에 대한 번역 과제를 하게 될 것이라고 미리 알려 주었다. 실제 실험 참여자가 먼저 실험실에 도착한 후에, 실험 진행자는 다른 참여자로 가장한 공모자와 함께 실험실로 들어온다. 공모자가 참여자의 옆에 앉으면, 실험 진행자는 두 사람에게 낯선 외국어 문장을 읽고 문장 속 괄호에 해당할 것으로 생각되는 단어를 직관적으로 고르는 과제를 하게 될 것이라고 말해 주었다. 실험이 본격적으로 시작되면, 먼저 공모자가 한 문장을 읽고 문장 속 괄호 안에 해당할 것 같은 단어를 선택한다. 그리고 난 후에 실험 참여자가 공모자와 마찬가지로 문장을 읽고 단어를 선택하게 된다.

이 실험의 핵심은 참여자에게 보기로 제시되는 단어에 있었다. 독립적 자기를 점화시킨 조건에서는 '나, 나에게, 나의 것'과 같이 독립적인 자기와 관련된 단어들이 제시되었다. 하지만 통제조건에서는 '그, 그를, 그의'와 같이 중립적인 3인칭 단어들이 제시되었다. 참여자와 공모자가 번갈아 과제를 수행하는 동안 실험의 진짜 목적이 무엇인지 전혀 모르는 공모자는 실험자가 미리 하라고 지시한 행동을 반복했다. 즉, 과제를 하는 동안 약 15초 간격으로 얼굴을 만지거나 다리를 떠는 행동을 반복했다. 이 실험 결과에 따르면, 독립적 자기가 점화된 참여자들이 통제 조건의 참여자들보다 공모자의 행동을 덜 모방한 것으로 나타났다. 무의식적으로 점화된 자기 해석이 모방행동에 영향을 미친 것이다.

두 번째 연구에서는 참여자에게 독립성과 관련된 단어(예: 독특한, 홀로, 개인적인 등)를 이용해 독립적 자기를 점화하고, 상호 의존과 관련된 단어(예: 함께, 집단, 협동적인 등)를 이용해서 상호 의존적인 자기를 점화했다. 통제조건에서는 중립적인 단어들이 제시되었다. 그런 다음 참여자들은 음악을 듣고 평가하는 과제를 수행하였다. 실험 진행자는 참여자가 앉아 있는 곳 맞은편에 앉아서 음악을 들려주었고, 참여자가 과제를 수행하는 동안 20초 간격으로 펜을 돌렸다.

그 결과, 상호 의존적인 자기가 점화된 사람들이 진행자의 펜 돌리기 행동을 가장 많이 따라 했다. 그다음으로 통제 조건 참여자들의 모방행동 빈도가 높았다. 독립적 자기가 점화된 사람들은 실험 진행자의 펜 돌리기 행동을 가장 적게 따라 한 것으로 나타났다. 홍미로운 점은 이 연구에서 참여자들의 음악에 대한 평가는 실험 진행자에게 말로 전달하는 것이었기 때문에 실제로는 펜을 사용할 일이 전혀 없었다는 것이다. 그런데도 책상 위에 놓인 펜을 들어 모방행동을 한 것이다.

문화에 관한 많은 연구는 동양인은 상황 요인과는 무관하게 만성적으로 자기를 상호 의존적으로 인식하는 경향이 강하지만, 서양인은 만성적으로 자기를 독립적으로 인식하는 경향이 있다는 것을 보여 주었다(Fiske, Kitayama, Markus, & Nisbett, 1998; Markus & Kitayama, 1991).

이제 연구자들은 세 번째 실험에서 만성적인 자기 해석의 유형에 따라 개인의 모방행동이 달라질 수 있는지를 알아보고자 하였다. 이를 위해 연구자들은 일본인 학생들과 미국인 학생들을 대상으로 실험을 하였다.

실험에 참여한 일본인 또는 미국인 참여자들은 여러 장의 사진을 보고 상대방에게 설명하는 과제를 수행했다. *Time*과 *Life*에서 발췌한 사진들을 참여자와 공모자가 나누어 가진 후에 서로에게 사진에 대해 번갈아 가며 설명하는 방식으로 실험이 진행되었다. 실험이 진행되는 동안 공모자는 자연스럽게 자신의 얼굴을 만졌다.

이 실험 결과에 따르면, 참여자의 문화적 배경에 따라 모방행동이 다르게 나타났다. 만성적으로 자기를 상호 의존적으로 해석하는 일본인 참여자들이 만성적으로 자기를 독립적으로 해석하는 미국인 참여자들보다 얼굴을 만지는 상대방의 행동을 더 많이 따라 했다. 즉, 문화가 만성적으로 점화하는 자기 해석 방식이 모방행동에 영향을 미친 것이다. 이러한 결과는 상호 의존적인 자기를 만성적으로 점화하는 동양 문화권의 구성원이 독립적인 자기를 만성적으로 점화하는 서구 문화권의 구성원보다 타인의 행동을 무의식적으로 모방하는 경향이 강하다는 것을 보여준다.

04

무의식적 신체운동

무의식적 신체운동

발걸음이 무거워진 이유: 노인 점화와 신체운동

고정관념에 관한 최근의 연구는 무의식적으로 활성화된 고정관념이 사람들의 태도와 행동에 영향을 미친다는 것을 보여 준다. 존 바지(John Bargh) 등의 고전적 연구는 노인에 대한 고정관념이 무의식적으로 활성화된 참여자들이 통제집단의 참여자들에 비하여 걸음걸이 속도가 느려진다는 것을 보여 주었다(Bargh, Chen, & Burrows, 1996). 이들의 연구에서는 문장 구성 과제(Srull & Wyer, 1979)를 이용해서 한 조건에서 노인에 대한 고정관념을 점화하였다. 즉, 이 조건에서는 노인과 강하게 연합되어 있는 단어인 gray(흰색 머리카락), bingo(미국 노인이 자주 하는 게임),

Florida(많은 미국 노인이 은퇴 후에 거주하는 주) 등의 단어가 포함된 문장 구성 과제를 실시하였고, 통제조건에서 제시된 단어들은 노인과는 관련성이 없는 것이었다. 문장 구성 과제를 마치고, 실험이 종료되었다는 이야기를 들은 참여자들이 건물 밖으로 나가기 위해서는 우선 실험실이 위치한 층에 있는 엘리베이터까지 걸어가야 했다.

문장 구성 과제를 끝낸 후에 연구자들은 실험 참여자들이 눈치채지 못하게, 참여자들이 실험실 문밖을 나서서 약 10m 떨어진 곳에 있는 복도 끝 엘리베이터로 걸어가는 걸음걸이의 속도를 측정하였다. 그 결과, 노인과 무관한 단어들을 사용하여 문장을 완성한 조건의 참여자들보다 노인과 관련된 단어들로 문장을 완성한 조건의 참여자들이 엘리베이터까지 걸어가는 데 더 오랜 시간이 걸린 것으로 나타났다. 즉, 노인과 관련된 단어들을 사용하여 문장을 완성하는 동안 자동적으로 떠오른 노인에 관한 생각이 참여자들의 발걸음을 더 무겁게 한 것이다. 이러한 결과는 노인에 대해서 가지고 있는 '느리다' 또는 '몸이 무겁다'라는 고정관념의 활성화가 참여자들의 행동에 영향을 미쳤다는 것을 보여준다.

흥미로운 점은 모든 실험이 끝난 후에 참여자들에게 실험의 목적에 관해 설명했을 때, 문장을 완성하는 과제인 문장 구성 과제를 하는 동안 보았던 (노인과 관련된) 단어들이 자신의 걸음걸이 속도에 영향을 미쳤을 것으로 의심하는 사람은 아무도 없었다는 것이다. 그럼에도 노인과 관련된 단어들을 참여자들에게 제시함으로써 자동적으로 노인과 관련된 고정관념이 활성화되었고, 그 결과 노인에 대한 고정관념과 일치하는 방향으로 행동의 변화(느린 걸음걸이 속도)가 발생한 것이다.

인간의 가장 기본적인 운동 형태는 자극에 대한 반응이다. 압데익스테르후이스(Ap Dijksterhuis) 등의 연구에서는 고정관념의 활성화가 무의식적으로 자극에 대한 반응속도에 영향을 미치는지 알아보았다(Dijksterhuis, Spears, & Lepinasse, 2001). 이들은 사람들이 노인 또는 젊은 사람과 관련된 생각을 떠올렸을 때 걷는 속도나 행동하는 속도뿐만 아니라 자극에 대한 반응속도에도 영향을 미칠 수 있는지 알아보고자 하였다.

이를 위해 대학생 실험 참여자들을 두 집단으로 나누고, 각 집단의 참여자들에게 다섯 명의 노인 사진 또는 다섯 명의 젊은이 사진을 약간의 언어적 정보와 함께 보여 준 후 사진 속 인물들의 인상에 관해 쓰도록 하였다.

연구자들은 실험 참여자들에게 노인 또는 젊은이 사진에 관해 쓰도록 함으로써 사진을 보는 동안에 노인 집단과 관련된 생각 또는 젊은이 집단과 관련된 생각이 자동적으로 떠오르도록 유도했다. 제시된 사진을 모두 본 참여자들은 곧이어 단어-비단어 판단 과제를 수행하였다. 실험 참여자들은 약 1.5초 간격으로 컴퓨터 화면상에 제시되는 글자가 존재하는 단어(예: cat)일 경우에는 '정답' 버튼을, 존재하지 않는 단어(예: cnt)일 경우에는 '오답' 버튼을 눌러 반응하였다.

연구자들은 노인 사진을 본 조건의 참여자들이 젊은이 사진을 본 조건의 참여자들보다 단어에 대한 반응속도가 더 느릴 것으로 예상했다. 연구 결과는 연구자들의 예상과 일치했다. 즉, 존재하는 단어에 대한 반응속도를 비교했을 때, 노인 사진으로 점화된 사람들이 젊은이 사진으로 점화된 사람들의 반응보다 더 느린 것으로 나타났다. 이러한 결과는 특정 집단에 대한 고정관념이 떠오르면 개인의 반응속도를 더욱 빠르게 하거나 반대로 더욱 느리게 하는 데 영향을 미칠 수 있다는 것을 보여 준다.

제인 반필드(Jane Banfield) 등의 연구에서는 노인 개념의 활성화가 운동행동의 어떤 측면에 영향을 미치는지 알아보았다(Banfield, Pendry, Mewse, & Edwards, 2003). 이 연구에서는 노인에 대한 개념을 점화한 후에 달걀과 같은 대상을 움켜쥐도록 하였다. 이들은 개별 운동행동과 정지 동작을 구분하였다. 예를 들어, 손을 들었다가 잠깐의 정지 동작이 있고, 이어서 손가락으로 달걀을 잡는다면, 손 운동과 손가락 운동 사이에 잠깐의 정지 동작이 연결된 것이다.

실험 결과에 따르면, 노인 범주의 활성화가 개별운동의 속도에는 아무런 영향을 미치지 않은 것으로 나타났다. 반면, 노인이 점화된 집단의 사람들은 운동 사이사이에 잠깐의 정지 동작이 길어진 것으로 나타났다. 그로 인하여 전체적인 운동행동 속도가 느려졌다. 이러한 결과는 노인에 대한 점화가 운동 자체가 아니라 운동을 준비하는 과정에 영향을 미칠 가능성이 크다는 것을 보여 준다.

직장의 신 효과: 직장인 점화와 일 처리 속도

사람들의 운동행동 속도는 나이에 따라 달라지기도 하지만, 사회적 역할이나 직업에 따라 달라지기도 한다. 개인이 수행하는 특정한 사회적 역할 때문에 보통의 사람들보다 더 빨리 움직이는 것이 몸에 밴 사람이 있다. 예를 들면, 택배 기사는 철학과 교수보다 더 빨리 움직여야 하는 직업이다.

러셀 스피어스(Russell Spears) 등의 연구자들은 특정 사회적 집단에 대한 점화가 그 집단에 대한 고정관념과 일치하는 방식으로 운동행동을 유도하는지 알아보았다(Spears, Gordijn, Dijksterhuis, & Stapel, 2004). 이를 위해 한 조건의 참여자들에게는 여러 회의에 참석하기 위해 바쁘게 뛰어다니는 네 명의 직장인의 일과를 묘사한 짧은 글을 읽게 하였다. 다른 조건에서는 유럽의 박물관이나 레스토랑을 방문하는 여행객의 일과를 묘사한 글을 읽도록 하였다. 읽기 과제가 끝난 후에 참여자들은 설문지에 응답해야 했나. 실험 참여자들이 설문지에 답하는 것에 집중하고 있는 동안 옆방(관찰용 유리가 설치된 관찰실)에 숨어 있던 관찰자가 참여자들 몰래 그들이 설문에 모두 응답하는 데 걸리는 시간을 측정하였다.

이 실험 결과에 따르면, 바쁜 직장인의 일과에 관한 글을 읽은 실험 참여자들이 한가로이 유럽을 여행하는 사람들에 대한 글을 읽은 참여자들보다 설문지를 작성하는 속도가 평균 30초 이상 더 빠른 것으로 나타났다. 즉, 실험에 참여한 사람들은 직장인에 관한 글을 읽는 동안 자동적으로 바쁨과 관련된 생각이 무의식적으로 점화되었고, 이러한 생각이 설문지를 빠르게 작성하는 것과 같은 개인의 행동에 영향을 미친 것이다. 비즈니스맨에 대한 점화가 사람들을 마치 직장의 신처럼 빨리 문서를 작성하도록 유도한 것이다.

이 연구에서는 바쁨에 대한 단어를 직접 제시하지 않고 바쁨과 관련된 고정관념을 가진 직장인 집단을 떠올리도록 함으로써 특정 개념이나 특질을 간접적으로 활성화한 경우에도 사람들의 행동 변화를 유도할 수 있다는 것을 보여 주었다. 이는 직접 떠올리거나 간접적으로 떠오른 고정관념이나 생각은 모두 개인의 행동에 영향을 미칠 수 있다는 것을 보여 준다.

총알을 탄 사나이: 슈마허 점화와 언어 구사 속도

인간이 수행하는 운동행동의 종류는 매우 다양하다. 그중 대표적인 것이 걷기와 말하기다. 말하기는 입과 혀 등 신체의 다양한 운동기관을 빠르고 정교하게 협응하는 것이 가능할 때 이루어지는 매우 복잡한 운동행동이라고 할 수 있다. 빠름과 연합된 대상에 대한 점화가 이러한 언어적 운동행동의 속도에 영향을 미치는지 알아보기 위해서 닐 마크래(Neil Macrae) 등은 F1 자동차 경주의 세계 챔피언인 마이클 슈마허(Michael Schumacher)에 관한 생각이 떠올랐을 때 개인의 언어 구사 속도가 더 빨라지는지 알아보았다(Macrae et al., 1998). F1은 비행기가 이륙할 때의 속도에 버금가는 시속 약 300km로 달리는 자동차로 승부를 내는 속도의 스포츠다.

그들은 실험 참여자들에게 단어 목록(예: 바나나, 코끼리, 컴퓨터 등) 20개를 큰 소리로 읽도록 하였다. 단어 목록은 연구자들에 의해 세 가지 조건으로 조작되었다. 첫 번째 조건은 단어 목록 상단에 '슈마허(Schumacher) 단어 읽기 검사'라는 제목이 적혀 있었다. 두 번째 조건에서는 슈마허와 영어 철자가 유사한 'Shimuhuru 단어 읽기 검사'라는 제목이 적혀 있었다. 그리고 세 번째 조건에서는 아무런 제목도 없었다. 실험 참여자들은 연구자로부터 세 가지 조건의 단어 목록 가운데 하나를 받았다. 연구자들은 참여자가 첫 단어를 읽기 시작했을 때부터 마지막 단어를 읽을 때까지 걸리는 시간을 몰래 측정하였다.

결과에 따르면, '슈마허' 조건의 참여자들이 다른 두 조건에 비해 훨씬 빠른 속도로 단어를 읽은 것으로 나타났다. 슈마허를 통해 '빠름'을 점화한 조건에서 다른 조건의 참여자들보다 단어 목록을 모두 읽는 데 더 적은 시간이 걸린 것이다. 이 연구는 실험 참여자들에게 친숙한 유명인의 이름을 통해 유명인과 관련된 고정관념이나 특질을 점화함으로써 머릿속에 활성화된 생각이 그러한 생각과 일치하는 행동에 영향을 미칠 수 있다는 것을 보여 주었다.

이러한 연구 결과는 '빠름' 또는 '빠른 속도'라는 개념이 어떤 대상(예: 슈마허)을 통해 점화되면, 이 대상과 직접 연합되어 있지 않은 차원의 속도도 빨라질 수 있다는 것을 보여 준다. 빠르게 자동차를 운전하는 것과 빠르게 책을 읽는 것은 상당히 다른 차원의 행동이다. 하지만 이 두 종류의 행동은 모두 '빠름' 또는 '빠른 속도'라는 개념과 연결되어 있다. 따라서 자동차를 매우 빠르게 운전하는 슈마허에 대한 노출이 '빠름'을 점화했을 때, 빠름을 활성화한 에너지는 다시 '빠르게 읽기'라는 새로운 차원의 행동으로 이어질 수 있다. 그 결과 슈마허에 관한 '빠름'에 대한 생각이 자동적으로 읽기 속도를 빠르게 만든 것이다.

05

무의식적 사회행동

무의식적 사회행동

어벤져스 효과: 슈퍼 히어로 점화와 도움행동

우리에게는 지구가 위기에 처하면 어디선가 갑자기 나타나서 인류를 구원하는 초능력자인 슈퍼 히어로들이 있다. 혼자서도 충분히 적들을 물리칠 수 있는 이들이 집단으로 등장하는 영화가 있는데, 조스 웨던(Joss Whedon) 감독의 영화 〈어벤져스(The Avengers, 2012)〉다. 이 영화에는 인류를 구하기 위해 전 세계에 흩어져 있던 아이언맨, 토르, 헐크, 캡틴 아메리카, 블랙 위도, 호크 아이 같은 슈퍼 히어로들이 모두 모여서 어벤져스라는 팀을 이룬다.

슈퍼 히어로는 초능력을 가진 사람이지만 누군가를 도와주는 사람들이기도 하다. 그렇다면 슈퍼 히어로에 대한 점화는 사람들의 도움행동을 촉진할 수 있을까? 이러한 가능성에 대해 알아보기 위해서 레이프 넬슨(Leif Nelson)과 마이클 노턴(Michael Norton)은 실험에 참여한 학생들에게 약 4분 동안 슈퍼 히어로를 떠올렸을 때 생각나는 것들을 적으라고 지시한 후에 설문 문항에 응답하도록 하였다(Nelson & Norton, 2005). 설문 문항 가운데는 "붐비는 지하철에서 노인이 타는 것을 발견했을 때, 당신은 당신의 좌석을 노인에게 양보하겠습니까?"와 같이 도움행동과 관련된 문항도 포함되어 있었다. 이 실험 결과에 따르면, 슈퍼 히어로가 점화된 조건의 참여자는 도움과 무관한 기숙사에 대해 생각했던 통제조건의 참여자보다 자기 자리를 양보하겠다는 의향을 더 강하게 드러냈다.

슈퍼 히어로에 대한 생각이 도움에 대한 의도뿐만 아니라 실제 도움행동을 유도할 수 있을까? 두 번째 실험에서는 슈퍼 히어로를 점화하고 난 다음에 실험과 무관한 사람으로 가장한 실험 공모자를 참여자에게 소개했다. 공모자는 참여자들에게 자기를 지역사회의 아동을 가르치는 자원봉사 단체의 대표라고 소개한 후에 약 30분에 걸쳐서 조직에 대해 설명했다. 그런 후에 아동을 위한 봉사 활동에 참여하겠다는 서류에 서명을 요청했다. 서류에는 몇 시간을 봉사에 할애할 수 있는지를 적는 칸이 있었다. 실험 참여자들에게는 서명하면 얼마 지나지 않아서 담당자가 연락할 것이라고 알려 주었다. 실험 결과에 따르면, 슈퍼 히어로가 점화된 조건의 학생들은 아동을 위한 학습 도우미로 일주일에 약 두 시간 이상을 봉사하겠다고 약속했다. 하지만 도움과 관련 없는 기숙사에 대해 생각했던 학생들은 일주일에 약 한 시간도 채 안 되는 시간을 도와주겠다고 약속하였다.

이 연구에서 가장 놀라운 발견은 슈퍼 히어로 점화효과가 약 3개월 후에도 지속됐다는 것이다. 세 번째 연구에서는 실험 참여자들에게 점화 조작이 이루어지고 3개월이 지난 후에 실제 봉사 활동에 참여해 달라는 이메일을 발송했다. 그런 후에 봉사 활동 준비 모임에 실제로 나타나는 사람의 비율을 확인했다. 결과에 따르면, 비교 조건의 참여자들보다 슈퍼 히어로 점화 조건의 참여자들이 준비 모임에 더 많이 얼굴을 드러냈다.

이러한 연구 결과는 도움과 깊이 관련된 슈퍼 히어로에 대한 점화가 도움에 대한 의도뿐만 아니라 실제 도움행동을 실천하는 데 영향을 줄 수 있다는 것을 의미한다. 따라서 이 연구 결과를 조금 더 확대해서 적용하면 어벤져스 같은 슈퍼 히어로가 단체로 나오는 영화는 사람들이 친사회적 행동을 하도록 유도하는 데 기여할 가능성이 있다고 예상할 수 있다.

하지만 이 연구에서 주의해야 할 것은 슈퍼 히어로라는 범주가 점화되었을 때는 도움행동이 촉진되었지만, 슈퍼 히어로의 대표적인 사례인 슈퍼맨이 점화된 경우에는 오히려 도움행동이 감소하였다는 것이다(왜 슈퍼 히어로와 슈퍼맨 점화효과가 상반되는 지는 '7장: 무의식적 동화와 대조'에서 구체적으로 설명할 것이다.). 따라서 슈퍼 히어로 영화를 통해서 친사회적 행동을 유도하려고 한다면 생각보다 복잡한 심리 과정에 대한 이해와 준비가 필요할 것으로 보인다.

점화와 도움행동에 대한 또 다른 연구에서는 슈퍼 히어로가 아니더라도 도움행동을 촉진할 방법은 다양하다는 것을 보여 주었다. 예를 들어, 도움에 대한 개념이 점화된 경우에도 사람들은 훨씬 더 쉽게 도움행동에 나선다. 닐 마크래(Neil Macrae)와 루시 존스턴(Lucy Johnston)은 참여자들에게 도움과 관련된 단어들을 사용하여 문장을 완성하도록 하는 문장 구성 과제를 실시하였다(Macrae & Johnston, 1998). 그런 다음에 실험 진행자가 다음 실험을 위해 책상 위에 놓여 있던 물건(책, 종이, 가방, 펜 등)을 들고 실험실 밖으로 나가면서 물건들을 떨어뜨렸다. 물론 실험 참여자들은 진행자가 물건을 일부러 떨어뜨렸다는 것을 알지 못했다.

실험 진행자가 소지품을 떨어뜨리고 10초 이내에 얼마나 많은 참여자가 진행자를 도와주는지를 관찰한 결과, '도움'이 점화된 조건에서는 참여자 중 93.7%가 떨어뜨린 물건을 주워 준 것으로 나타났다. 하지만 도움과 무관한 생각을 떠올렸던 통제조건의 참여자들은 68.7%가 진행자를 도와준 것으로 나타났다. 즉, '도움'이라는 개념에 대한 점화가 무의식적으로 도움행동을 촉진한 것이다. 어벤져스나 도움에 대한 개념은 비록 그것이 점화되었다는 사실을 우리가 의식적으로 자각하지 못할지라도 도움행동을 촉진한다.

따라 할 것인가, 저항할 것인가: 동조와 저항 점화

  사람들은 타인의 의견에 맞춰서 자신의 의견을 조정하는 경향이 있다. 이렇게 타인의 의견에 동조하는 현상은 다양한 상황에서 나타난다. 중국집에 단체로 갔을 때 맨 먼저 주문하는 사람이 짜장면을 시키면 다른 사람들도 짜장면을 주문할 가능성이 커지지만, 짬뽕을 먼저 시키면 다른 사람들도 짬뽕을 주문할 가능성이 커지는 것도 일상에서 볼 수 있는 동조 현상이다. 그렇다면 무의식적으로 점화된 지식이 동조에 어떤 영향을 미칠 수 있을까?
  이러한 질문에 답하기 위해서 니콜러스 에플리(Nicholas Epley)와 토머스 길로비치(Thomas Gilovich)는 실험 참여자들에게 문장 구성 과제를 이용해서 동조에 대한 개념을 점화하였다(Epley & Gilovich, 1999). 한 조건에서는 동조와 관련된 단어(예: 동의하는, 따르는, 순종하는 등)를 이용해 문장을 완성해야 했고, 다른 조건에서는 비동조와 관련된 단어(예: 맞서는, 일탈하는, 독립적인 등)가 제시되었다. 그리고 마지막 집단의 참여자에게는 동조 또는 비동조와는 무관한 중립적인 단어(예: 알레르기가 있는, 변명하는,

당혹스러운 등)를 제시하였다. 참여자들은 문장 구성 과제를 모두 마친 후 의사 결정에 대한 간단한 과제를 수행하였다.

실험 참여자는 과제가 모두 끝난 후에 다른 참여자로 위장한 실험 공모자와 함께 과제에 대한 평가를 하게 됐다. 이때 공모자가 먼저 실험에 대해 긍정적인 평가를 하고, 실험 전반에 대해 높은 점수를 주었다(총 11점 중 약 9점에 해당하는 점수). 실험 결과, 동조 단어 조건의 참여자들이 비동조 단어 또는 중립 단어 조건의 참여자들보다 실험에 대해 더 긍정적인 평가를 하고 높은 점수를 주었다. 즉, 공모자의 평가에 대한 동조가 일어났다. 동조 개념의 점화가 동조행동을 촉진한 것이다.

에플리와 길로비치의 연구에서 사용한 과제는 주관적인 평가를 묻는 것이었다. 이는 정답이 존재하지 않는 과제다. 그래서 개인의 주관에 따라 높은 점수를 주든지 낮은 점수를 주든지 간에 실험 참여자들의 판단은 틀리지 않은 것이다. 어쩌면 이러한 과제의 속성 때문에 실험 참여자들이 더 쉽게 공모자의 평가에 동조했는지도 모른다. 즉, 어떤 평가를 해도 틀린 것이 아니기 때문에 타인의 평가에 쉽게 동조했을 가능성이 있다.

그렇다면 확실한 정답이 존재하는 상황에서도 동조 점화효과가 발생할 수 있을까? 루이스 펜드리(Louise Pendry)와 레이첼 캐릭(Rachael Carrick)은 정답이 분명한 과제를 이용해서 동조 점화효과를 확인하였다(Pendry & Carrick, 2001).

집단 구성원들 사이에는 어떻게 행동해야 하는지에 대한 합의가 생기는데, 이를 '규범'이라고 한다. 규범은 집단에 따라 다르다. 어떤 집단은 규범에 대한 동조를 강조하지만 또 어떤 집단은 규범으로부터의 일탈이나 동조에 대한 저항을 가치 있게 평가한다. 펜드리와 캐릭은 비교적 규범을 잘 준수한다는 고정관념과 연합된 회계사와 규범에 저항하고 일탈행동을 한다는 고정관념과 연합된 펑크족에 대한 점화가 동조에 미치는 영향에 대해 알아보았다.

연구자들은 실험 참여자들에게 실제 실험에 앞서 다른 실험에서 사용될 사진이 선명하게 인쇄되었는지 등을 평가해 달라고 부탁하였다. 자신의 실험과 무관한 사진이라고 믿고 있던 참여자들은 연구자들의 부탁대로 컬러로 인쇄된 사진을 꼼꼼히 관찰하고 평가하였다. 사진에는 펑크족 또는 회계사로 보이는 남성이 인쇄되어 있었다.

펑크족 점화 조건에서는 "노먼(Norman)은 펑크 록 가수입니다."라는 문구와 함께 삐죽한 머리를 하고 그라피티가 그려지고 찢어진 옷을 입은 한 젊은 남성의 사진이 제시되었다. 그리고 회계사 점화 조건에서는 "노먼은 회계사입니다."라는 문구가 적혀 있고 단정한 외모와 짧은 머리의 남성이 정장을 입고 있는 사진이 제시되었다.

사진에 대한 평가가 끝난 후에 참여자들은 다른 사람들(사실은 실험 공모자)과 함께 소리 변별 실험에 참여하였다. 녹음된 "삐~"
소리를 끝까지 듣고 총 몇 번의 소리가 들렸는지 응답하는데, 실
험 절차는 공모자들이 먼저 대답한 후에 실험 참여자가 마지막
으로 대답하도록 짜여 있었다. 실제 제시된 소리는 100번이었지
만, 공모자들은 그것보다 더 많은 소리(123~125번)가 들렸다고
대답했다. 따라서 참여자 개인이 정확한 판단을 내려야 하는 실
험 상황이었고, 명확한 정답이 존재하는 과제를 사용한 것이다.

이 실험 결과에 따르면, 회계사 점화 조건의 참여자들이 펑크
족 점화 조건의 참여자들보다 공모자들의 응답에 더 크게 동조
했다. 반면 펑크족 점화 조건의 참여자들은 공모자들의 추정치
에 동조하지 않고 실제 들려 주었던 소리의 횟수에 거의 근접한
답을 제시했다. 규범에 대한 저항이나 일탈과 연합된 펑크족에
대한 점화가 집단 규범의 압력에 저항하고, 동조 압력 속에서도
자신의 의견을 지켜 내도록 이끈 것이다.

믿을 것인가, 믿지 않을 것인가:
협력과 경쟁의 가치관 점화

상대방을 신뢰하고 협력할 것인가, 아니면 상대방을 믿지 않
고 경쟁적인 선택을 할 것인가. 아론 케이(Aron Kay)와 리 로스
(Lee Ross)의 연구에서는 죄수의 딜레마 게임(Prisoner's Dilemma

Game)을 이용해서 무의식적으로 점화된 개념 또는 가치관이 실험 참여자들의 협력 또는 경쟁적인 의사 결정에 영향을 미치는지 알아보았다(Kay & Ross, 2003).

죄수의 딜레마 게임에서는 둘 중 하나만 선택할 수 있다. 협력할 것인가, 아니면 경쟁적인 선택을 할 것인가. 공범 혐의를 받는, 하지만 범죄 혐의를 입증할 만한 아무런 증거도 남기지 않은 두 명의 용의자가 있다. 이들의 죄를 입증할 수 있는 유일한 방법은 자백을 받는 것이다. 검사는 한 가지 제안을 한다. 두 명의 죄수가 모두 죄를 고백하면 둘 다 3년을 감옥에 있어야 하지만, 둘 중 한 명만 자백하면 자백한 사람은 무죄방면하고 자백하지 않은 사람은 30년 형을 구형할 것이다. 만약 두 명이 모두 자백하지 않으면 증거 불충분으로 무죄가 되지만, 다른 가벼운 사건에 책임을 물어서 30일을 구형할 것이다.

죄수의 딜레마에서는 협력적인 의사 결정, 즉 자백하지 않는 것이 자신과 상대방 모두에게 최고의 선택이 되는 상황이다. 문제는 상대방이 다른 방에 격리되어 심문을 받고 있어서 그가 어떤 생각을 하고 있는지 알 수 없다는 것이다. 내가 협력적인 의사 결정을 선택했을 때 상대방도 협력적인 의사 결정을 할 것이라고 확신할 수 없다.

만약 나는 상대를 믿고 자백하지 않았는데, 상대가 자백해 버리면 최악의 결과에 직면하게 된다. 상대방은 무죄로 풀려나고

나만 30년간 감옥에 있어야 한다. 과연 이러한 상황에서 상대방도 의리를 지킬 것이라고 믿고 협력을 선택할 것인가, 아니면 상대방을 믿을 수 없기 때문에 자신의 이익만을 생각하는 경쟁적인 선택을 할 것인가.

케이와 로스는 협력 또는 경쟁 단어를 이용한 문장 구성 과제를 통해 협력적 가치관과 경쟁적 가치관을 점화하였다. 협력 점화 조건에서는 협력과 연합된 단어(예: 도움을 주는, 조화로운, 동맹, 협동 등)들을 사용하여 문장 구성 과제를 수행하도록 하였다. 반면, 경쟁 점화 조건에서는 경쟁과 관련된 단어(예: 경쟁적인, 한 발 앞선, 토너먼트, 패배한 등)를 사용하여 문장 구성 과제를 완성하도록 하였다.

실험 결과에 따르면, 협력적 가치관이 점화된 조건의 참여자들은 경쟁보다는 협력적 의사 결정을 선택하는 비율이 높은 것으로 나타났다. 하지만 경쟁적 가치관이 점화된 사람들은 상대를 믿고 협력하기보다는 상대방을 믿지 못하고 경쟁적인 의사 결정을 선택한 사람의 비율이 더 높게 나타났다. 이러한 결과는 무의식적으로 점화된 가치관이 우리의 의사 결정에 영향을 미칠 수 있다는 것을 보여 준다. 우리가 의식적으로 자각하지 못했음에도, 우리 머릿속에 떠올랐던 생각에 따라 타인을 믿고 협력하거나 반대로 타인을 믿지 않고 경쟁적으로 행동할 수 있다는 것이다.

더 흥미로운 결과는 실험에 참여한 사람들에게 다른 사람들의 경우에는 이러한 상황에서 어떠한 선택을 할 것으로 생각하는지 물어보았을 때 발견되었다. 협력적 가치관이 점화된 참여자들의 경우에는 다수(약 61%)가 다른 사람들도 협력적인 선택을 할 것이라고 응답하였다. 하지만 경쟁적 가치관이 점화된 사람들의 생각은 완전히 달랐다. 이들 중 다수(약 62%)의 사람들이 다른 사람들도 경쟁적인 선택을 할 것이라고 답했다. 협력적 가치관이 점화된 사람들은 다른 사람들도 협력적인 행동을 할 것이라고 믿고 있었다. 하지만 경쟁적 가치관이 점화된 사람들은 다른 사람들이 협력할 것이라고 믿지 못한 것이다. 다른 사람들도 분명히 경쟁적으로 나올 것이라고 생각하고 있었다. 이러한 연구 결과는 무의식적으로 점화된 가치관이 상대방의 미래 행동을 예측하고, 결국 자신의 의사 결정에도 영향을 미친다는 것을 보여 준다.

경쟁만을 강조하는 사회는 의식적으로나 무의식적으로 경쟁적 가치관을 지속해서 점화하고 있는 셈이다. 케이와 로스의 연구에서처럼 경쟁적 가치관이 점화되면 사람들은 상대를 믿지 않고, 다른 사람들도 나를 믿지 못할 것으로 생각한다. 그럴수록 경쟁은 점점 더 심화된다. 경쟁이 나쁜 것은 아니지만 경쟁적 가치관이 만들어 내는 불신은 사람들의 관계를 망가뜨릴 수 있다. 어떤 종류의 가치관이 집단의 무의식을 지배하느냐에 따라 그 사회의 인간관계의 질도 달라질 수 있다.

적대감 점화: 무의식적 공격행동

경쟁적인 상호작용은 많은 경우에 적대적인 상호작용으로 이어지곤 한다. 라이벌이 친구가 되기는 쉽지 않아도 적으로 변하기는 매우 쉽다. 우리가 흔히 라이벌전이라고 부르는 경쟁 팀들 간 경기에서는 상대방에게 심각한 부상을 입힐 정도의 의도적인 반칙이 난무한다. 심지어는 집단적 몸싸움이나 경기 중단으로 이어지기도 한다. 이러한 경쟁적 상호작용은 상대에 대한 적대감을 불러일으킨다.

흥미로운 사실은 일단 적대감을 느끼면 상대의 모든 행동이 자신에 대한 적대적인 행위로 보이기 시작한다는 것이다. 제삼자가 봤을 때는 평범한 행동임에도 상대의 행동이 자신에게 해를 끼치기 위한 적대적인 행동으로 보인다. 토머스 스럴(Thoma Srull)과 로버트 와이어(Robert Wyer)는 실험 참여자들에게 적대감과 관련된 단어들을 이용하여 문장 구성 과제를 실시하였다 (Srull & Wyer, 1979). 문장을 구성하는 과제를 모두 마친 다음 참여자들은 가상의 인물인 도널드(Donald)의 모호한 행동(예: 내가 오랫동안 알고 지냈던 도널드의 집에 방문했을 때, 외판원이 문을 두드렸다. 하지만 도널드는 그가 집 안으로 들어오는 것을 허락하지 않았다. 도널드는 나에게 집주인이 그의 집을 다시 도색해 줄 때까지 방세를 내는 것을 거부하고 있다고 말해 주었다.)에 대해 읽고 도널드의 행동에 대해 평가하였다.

이 실험 결과, 적대감과 관련된 생각이 무의식적으로 활성화된 적대감 점화 조건의 참여자들이 적대감과 무관한 단어들이 제시되었던 통제조건의 참여자들보다 도널드의 행동을 더 적대적이라고 평가하였다. 적대감 점화가 다양한 방식으로 해석할 수 있는 도널드의 행동을 더 적대적인 행동으로 지각하도록 만든 것이다.

그렇다면 반대로 친절함과 관련된 생각을 떠올리게 되면 타인의 행동을 더 친절한 것으로 지각하게 될까? 스럴과 와이어의 두 번째 실험에서는 참여자들에게 친절함과 관련된 단어를 이용해서 문장 구성 과제를 실시하였다. 결과에 따르면, 친절함이 점화된 참여자들은 통제조건의 참여자들보다 애매한 도널드의 행동을 더 친절한 것으로 평가한 것으로 나타났다.

스럴과 와이어의 연구 결과는 어떠한 개념이 점화되느냐에 따라서 동일한 행동도 적대적인 것으로 지각되거나 반대로 친절한 행동으로 지각될 수도 있다는 것을 보여 준다. 존 바지(John Bargh)와 파울라 피에트로모나코(Paula Pietromonaco)는 여기서 한 걸음 더 나아가 적대감이 식역하로 점화되었을 때도 동일한 효과가 발생하는지 알아보고자 하였다(Bargh & Pietromonaco, 1982). 즉, 적대감과 관련된 단어가 제시되었다는 사실조차 알지 못하는 경우에도 적대감 관련 단어에 대한 노출이 다양한 방식으로 해석할 수도 있는 상대방의 행동을 적대적인 것으로 지각하도록 만들 수 있는지 알아보고자 히 였다.

　연구자들은 실험 참여자들에게 컴퓨터 화면상에 100ms(1/10초) 동안 제시되는 자극(사실은 단어)을 보여 주고 자극의 위치에 해당하는 버튼을 누르는 과제를 수행하도록 하였다. 자극이 너무 빠른 속도로 제시되었기 때문에 참여자들은 화면상에서 불빛이 깜빡거리는 것은 지각할 수 있었지만, 그것이 단어라는 사실은 전혀 알지 못했다. 적대감 점화 조건에서는 적대감과 관련성이 깊은 단어(예: 적대적인, 모욕적인, 불친절한, 증오하는 등)들이 화면에 제시되었고, 통제조건에서는 적대감과 무관한 단어(예: 물, 어떤 것, 숫자, 사람들, 항상 등)들이 제시되었다.

　결과에 따르면, 참여자들은 화면상에 제시된 자극이 단어인지도 모른 채로 화면에 나타나는 자극의 위치만 주목했음에도, 애매한 행동을 한 대상 인물에 대한 평가는 제시된 단어의 내용에 따라 달라졌다. 비록 의식할 수도 없는 극도로 짧은 시간이었지만, 적대감과 관련된 단어에 노출되었던 참여자들은 통제 단어에 노출되었던 참여자들보다 대상 인물의 애매한 행동을 보다 적대적인 행동으로 평가하였다. 이러한 결과는 식역하로 자극이 제시되더라도 적대감이 점화될 수 있고, 그 결과 타인에 대한 의식적인 평가에 영향을 미칠 수 있다는 것을 보여 준다.

　적대감은 쉽게 상대에 대한 공격으로 이어질 가능성이 크다. 찰스 카버(Charles Carver) 등은 무의식적으로 떠오른 적대적인 생각이 공격행동을 유발하는지 알아보고자 하였다(Carver, Ganellen, Froming, & Chambers, 1983). 적대감 점화 조건의 참여자들에게는 적대감과 관련된 단어들을 이용해 문장을 구성하도록 하였고, 통제조건의 참여자들에게는 적대감과는 관련성이 없는 중립적인 단어들을 제시하였다.

문장 구성 과제가 끝난 후에 참여자들은 이전 실험과는 무관한 또 다른 실험에 참여하였다. 학습에 대한 실험이라고 소개한 두 번째 실험은 사회심리학 분야에서 가장 유명한 실험 중 하나인 '스탠리 밀그램(Stanley Milgram)의 복종 실험(Milgram, 1963)'을 바탕으로 한 것이었다. 실험은 실제 참여자들이 학생 역할을 맡은 다른 참여자(사실은 공모자)에게 문제를 제시하고, 학생이 문제를 틀리면 전기 충격(처벌)을 주는 선생님 역할을 하도록 구성되었다. 학생 역할을 하는 공모자가 문제를 틀리면, 선생님 역할을 하는 실제 참여자가 학생을 처벌하기 위해서 사용하는 전기 충격의 강도를 결정해야 했다.

이 실험 결과에 따르면, 적대감 점화 조건의 참여자들이 중립 단어가 점화된 통제조건의 참여자들보다 학생 역할을 한 공모자에게 더 강한 전기 충격을 가한 것으로 나타났다. 즉, 적대감과 관련된 단어들을 통해 머릿속에 떠오른 적대적인 생각이 다른 사람에 대한 공격적인 행동을 유도한 것이다.

태도는 변한다: 노인 점화와 보수화

태도는 한 번 형성되면 변하지 않고 지속될까? 한 번 보수주의자는 영원한 보수주의자이고, 한 번 진보주의자이면 영원한 진보주의자로 남는 것일까? 케리 가와카미(Kerry Kawakami) 등은 개인이 가지고 있는 태도는 최근에 점화된 지식에 의해 변할 수 있다는 것을 보여 주었다(Kawakami, Dovidio, & Dijksterhuis, 2003).

연구자들은 실험에 참여한 사람에게 노인 또는 청년의 사진을 보여 주고, 약 5분 동안 사진 속 인물의 취미, 성격 특질 그리고 전반적인 캐릭터에 관해 기술하도록 하였다. 그리고 난 후에 다양한 사회 이슈에 대한 참여자들의 태도를 측정하였다. 서구의 대학생은 노인에 대해 '보수적인, 잔소리가 심한, 약한, 의존적인'과 같은 고정관념을 가지고 있는 것으로 나타났다(Schmidt & Boland, 1986). 따라서 노인에 대한 고정관념이 점화되면 이와 일치하는 태도가 강화될 가능성이 클 것이라고 예상할 수 있다.

실험 결과에 따르면, 노인에 관한 생각이 점화된 참여자들은 청년에 관한 생각이 점화된 참여자들보다 더 보수적인 태도를 보인 것으로 나타났다. 보다 구체적으로, 노인 점화 조건의 참여자들은 청년 점화 조건의 참여자들보다 '텔레비전 방송에 섹스나 노출 장면이 나오는 것을 반대한다.'거나 '보건의료에 더 많은 돈을 투자

해야 한다.'라고 생각하는 경향이 더 강한 것으로 나타났다.

이러한 태도는 노인에 대한 고정관념을 식역하로 점화했을 때도 발견할 수 있었다. 의식할 수 없을 정도로 짧은 시간인 17ms 동안 노인에 대한 고정관념과 관련된 단어(예: 늙은, 회색의 등)를 제시했을 때도 노인과는 무관한 통제 단어(예: 문, 램프)를 제시했을 때보다 더 보수적인 태도를 보인 것으로 나타났다. 이러한 결과는 특정 집단에 대한 고정관념의 점화가 그 고정관념과 일치하는 태도를 강화할 가능성이 크다는 것을 보여 준다.

누구의 책임인가: 노인 점화와 강간에 대한 태도

한국의 대학생도 노인에 대해서 '보수적인, 융통성 없는' 등과 같은 고정관념을 가지고 있는 것으로 나타났다(박경란, 이영숙, 2001). 한국과 서구의 대학생 모두 노인에 대해 '보수적'이라는 고정관념을 공통으로 가지고 있는 것이다. 전우영과 전혜민(2009)의 연구에서는 노인에 대한 고정관념의 점화가 강간 사건의 가해자와 피해자에 대한 지각에 어떤 영향을 미치는지를 알아보고자 하였다. 만약 노인에 대한 고정관념을 점화하는 것이 태도를 보수적으로 변화시킨다면, 노인 점화 조건에서 강간 사건의 피해자(여성)에 대한 책임은 더 크게 묻고, 가해자(남성)에 대한 책임은 더 가볍게 지각하는 경향이 나타날 것이라고 예상할 수 있다.

이러한 가능성을 알아보기 위해서 실험 참여자에게 몇 개의 단어를 제시하고 이를 이용해서 이야기를 만드는 과제를 실시하였다. 노인 점화 조건에서는 노인 관련 단어(예: 지팡이, 탑골공원, 은퇴 등)가 제시되었고, 통제조건에서는 노인과는 무관한 단어(예: 바다, 풍선, 소설책 등)가 제시되었다. 이야기 구성이 끝나고 난 후에 실험 참여자에게 피해 여성은 강간이라고 주장하고, 가해 남성은 동의하에 성관계했다고 상반된 주장을 하는 사건의 신문 기사를 제시하였다. 강간 사건은 세 번째 데이트하는 날 여성이 남성을 자신의 집으로 초대해서 저녁을 먹는 과정에서 발생했다. 남성은 동의를 구하고 키스를 했는데, 여성은 키스에서 멈출 것을 요구했다. 하지만 남성은 거기에서 멈추지 않고 그녀를 강간한 사건이다. 남성은 자신이 여성과의 동의하에 성관계를 가졌을 뿐 자신이 한 행위는 강간이 아니라고 주장하고 있었다.

이 실험 결과에 따르면, 노인에 대한 고정관념이 점화된 조건에서 통제조건보다 가해자(남성)의 책임은 더 낮게 지각하고, 반대로 피해자(여성)의 책임은 더 크게 지각하는 것으로 나타났다.

또한 노인 점화가 강간에 대한 보수적인 통념에 대한 동의 정도를 높이는 것으로 나타났다. 예를 들어, 전형적인 강간 통념인 "여자가 노브라, 짧은 스커트, 꽉 끼는 상의를 입는 것은 성적 피해를 자초한다." 또는 "취한 여성은 대개 기꺼이 성적인 관계를 가질 것이다."와 같은 문항에 대한 동의 정도가 노인 점화 조건에서 통제조건보다 높게 나타났다. 이러한 결과는 노인에 대한 고정관념의 무의식적인 점화가 실험 참여자들의 태도를 보수화하고, 이러한 태도가 강간 사건의 책임에 대한 구체적인 판단에까지 영향을 미칠 수 있다는 것을 보여 준다.

말이 길어진 이유: 정치인 점화효과

'정치인' 하면 떠오르는 생각은 무엇일까? 네덜란드 대학생들의 경우에는 '선거', '부패한', '논쟁적인' 등과 같은 단어가 먼저 떠오른다고 한다. 정치인이라는 집단에 대해 가지고 있는 고정관념의 내용은 네덜란드도 우리나라와 크게 다르지 않은 모양이다.

압 데익스테르후이스(Ap Dijksterhuis)와 애드 반 크니펜베르흐 (Ad van Knippenberg)는 네덜란드 대학생들을 대상으로 정치인에 관한 생각이 학생들의 행동을 어떻게 변화시키는지 알아보았다 (Dijksterhuis & van Knippenberg, 2000). 보다 구체적으로 정치인에 대한 고정관념을 점화했을 때, 학생들의 행동이 정치인에 대한 고정관념에 의해서 어떠한 영향을 받는지 확인하였다.

이를 위해 실험에 참여한 학생들을 두 조건에 배정하였다. 정치인 점화 조건의 참여자에게는 앞서 언급한 네덜란드 대학생이 정치인에 대해 가지고 있는 고정관념과 관련된 단어를 사용해서 문장 구성 과제를 하도록 하였다. 반면, 통제조건의 참여자에게는 정치인과는 무관한 중립적인 단어(예: 자동차, 청어, 내성적인 등)를 이용해서 문장 구성 과제를 하도록 하였다. 문장 구성 과제를 끝낸 다음에 실험 참여자에게 실험 당시 전 세계적인 이슈였던 프랑스의 핵실험을 반대하는 짧은 글을 약 10분 동안 쓰도록 하였다. 연구자들은 두 조건의 학생들이 쓴 글의 단어 수를 비교하였다.

실험 결과에 따르면, 정치인 점화 조건의 학생들이 정치인과 무관한 단어로 문장을 완성했던 조건의 학생들보다 글을 더 길고 장황하게 썼다. 정치인에 대한 점화가 학생들의 자기주장을 마치 정치인처럼 길고 장황하게 하도록 무의식적으로 유도한 것이다.

점화효과와 관련된 많은 연구는 특정 시점에 쉽고 빠르게 떠오른 생각이 운동행동 및 대인관계와 관련된 행동뿐만 아니라 퀴즈 풀이와 같은 지적인 과제를 수행하는 데도 영향을 미친다는 것을 밝혀냈다. 보다 구체적으로, 어떠한 범주와 관련하여 떠오른 생각은 다양한 분야의 지적 과제 수행을 개선할 수도, 반대로 저하시킬 수도 있는 것으로 나타났다.

06

무의식적 정신수행

무의식적 정신수행

무의식적 지적 수행: 교수와 훌리건 점화

압 데익스테르후이스(Ap Dijksterhuis)와 애드 반 크니펜베르흐(Ad van Knippenberg)는 똑똑함과 관련된 사회적 범주가 점화되었을 때 지적 과제의 수행이 향상될 수 있는지 알아보았다(Dijksterhuis & van Knippenberg, 1998). 이를 위해서 한 조건에서는 똑똑함과 관련된 사회적 집단인 교수를 점화했다. 참여자들에게는 '교수'를 떠올렸을 때 생각나는 특징을 모두 적도록 했다. 그러고 난 후에 일반 지식에 대한 퀴즈를 제시했다. 교수 점화와 비교하기 위해 다른 조건에서는 '비서'를 점화하였고, 통제조건의 학생들에게는 아무것도 쓰지 않고 바로 퀴즈를 풀도록 하였다.

실험에 참여했던 학생들이 풀었던 퀴즈는 일반적인 지식에 관한 문제였다. 예를 들어, "방글라데시의 수도는 어디입니까?", "1990년 월드컵 개최국은 어디입니까?"와 같은 문제가 제시되었다. 질문에 대한 답은 다섯 개의 보기 가운데서 하나를 찾는 오지선다형 과제였다.

실험 결과에 따르면, 교수 점화 조건의 참여자들이 비서 점화나 통제조건의 참여자들에 비해 퀴즈의 정답을 더 많이 맞힌 것으로 나타났다. 즉, 교수 점화가 지적 과제의 수행을 증진한 것이다.

만약 똑똑함과 관련된 생각을 떠올리는 것이 퀴즈 성적을 향상시킨다면, 반대로 멍청함과 관련된 고정관념이나 특질을 떠올린다면 퀴즈 성적이 낮아지지 않을까? 이러한 가능성에 대해 알아보기 위해서 압 데익스테르후이스와 애드 반 크니펜베르흐는 두 번째 실험에서 훌리건을 점화하였다. 유럽에서는 축구장에서 난동을 부리는 훌리건들은 '멍청하고 어리석은 사람들'이라는 고정관념이 존재한다고 한다.

실험 결과에 따르면, 축구 훌리건의 특징에 관해 기술한 조건의 참여자들이 아무것도 기술하지 않았던 조건의 참여자들보다 퀴즈 정답률이 더 낮았다. 흥미로운 것은 2분 동안 훌리건에 대해 생각했던 사람들보다 9분 동안 훌리건에 대해 생각했던 사람들의 퀴즈 성적이 더 낮았다는 것이다. 즉, 멍청함과 관련된 대상에 관한 생각을 더 오래 하면 할수록 퀴즈와 같은 지적 과제의 수행 능력이 저조해졌다.

이후의 연구에서는 축구 훌리건뿐만 아니라 슈퍼모델(물론 실제로 슈퍼모델들이 멍청한 것은 아니다. 하지만 유럽인은 슈퍼모델은 아름답지만 지적 능력은 떨어진다는 고정관념을 가지고 있다고 한다.)이나 부랑자와 관련된 생각을 머릿속에 떠올렸을 때도 퀴즈와 같은 지적인 과제의 수행 능력이 저하되는 것을 밝혀냈다(Dijksterhuis, Spears et al., 1998; Haddock, Macrae, & Fleck, 2002; Schubert & Häfner, 2003). 이와 관련된 일련의 연구 결과는 사회적 범주를 통해 머릿속에 떠오른 똑똑함 또는 멍청함과 관련된 생각이 실제로 퀴즈와 같은 지적인 과제의 수행을 더 잘하게 할 수도, 오히려 더 못하게 할 수도 있다는 것을 보여 주었다.

고정관념과 수학 성적: 흑인 점화

미국 사회에서 흑인에 대해 가지고 있는 고정관념 중 하나는, 흑인은 운동이나 음악적 재능은 뛰어나지만, 수학을 포함해서 학업 능력은 떨어진다는 것이다. 크리스티안 휠러(Christian Wheeler) 등의 연구자들은 미국 학생을 대상으로 흑인에 대한 점화가 수학 성적에 영향을 미치는지 알아보고자 하였다(Wheeler, Jarvis, & Petty, 2001). 이를 위해 비흑인 학생을 대상으로 가상적인 인물의 일과에 대한 에세이를 쓰는 과제를 부여했다. 실험 조건에 따라 가상 인물의 이름이 달랐다. 흑인 점화 조건의 참여자에게는 전형적인 흑인 이름인 '타이론(Tyrone)'이라는 이름을 가진 사람에 대한 에세이를 쓰게 했다. 하지만 백인 점화 조건에서는 '에릭(Erik)'이라는 전형적인 백인 이름을 가진 사람에 대한 글을 쓰도록 했다.

에세이 쓰기 과제가 끝난 후에 참여자들은 미국 대학원 입학 능력시험(GRE)에 나오는 30개의 수학 문제를 풀었다. 실험 결과에 따르면, 타이론에 대한 에세이를 작성했던 사람들이 에릭에 대한 글을 쓴 사람들보다 수학 점수가 더 나쁜 것으로 나타났다. 전형적인 흑인 이름을 가진 대상에 대한 점화가 수학 시험의 성적을 떨어뜨린 것이다. 이러한 결과는 흑인에 대한 부정적인 고정관념(예: "흑인은 공부를 못한다.")이 점화되면, 이와 일치하는 방식으로 정신적 수행(예: 수학 문제 풀기)이 이루어질 가능성이 크다는 것을 보여 준다.

아시아인 정체성 점화와 수학 성적

사람들이 아시아인에 대해 가지고 있는 고정관념 중 하나는 흑인에 대한 고정관념과는 반대로 수학을 잘한다는 것이다. 특정 집단에 대한 고정관념(예: "흑인은 공부를 못한다.")이 점화되면, 그 집단에 대한 고정관념과 일치하는 방식으로 정신적 과제 수행이 이루어진다는 이전 연구들을 고려하면, '아시아인'에 대한 점화는 수학 성적을 향상시킬 수 있을지도 모른다.

마거릿 시(Margaret Shih) 등의 연구자들은 아시아계 미국인을 대상으로 아시아인 정체성을 점화하였다(Shih, Ambady, Richeson, Fujita, & Gray, 2002). 첫 번째 실험에서는 참여자들에게 학생 생활 설문조사에 먼저 응답하도록 하였다. 이 설문의 문항 중에는 부모나 조부모가 영어 이외에 다른 언어를 구사할 수 있는지, 집에서는 어떠한 언어로 이야기하는지 등과 같은 질문이 포함되었다. 이러한 질문에 답하는 과정에서 아시아계 미국인 학생들의 아시아인 정체성이 점화되도록 한 것이다. 반면, 통제조건의 참여자들에게는 여가 활동에 대한 설문지를 줬다. 이 설문의 문항들은 얼마나 자주 영화를 보러 다니는지 등과 같은 질문이 포함되었다.

실험 결과에 따르면, 아시아인 정체성 점화 조건의 참여자들이 통제조건의 참여자들보다 정답을 맞힌 수학 문제가 더 많은 것으로 나타났다. 정확성(풀었던 문제 중에서 정답을 맞힌 비율)에서도 차이가 발견되었다. 아시아인 정체성이 점화되었던 참여자들이 그렇지 않았던 참여자들보다 문제 풀이의 정확성 비율이 높았다. 아시아인 정체성 점화가 아시아계 미국인들의 수학 문제 풀이의 정확성과 수학 점수를 높인 것이다.

두 번째 연구에서는 아시아와 관련된 단어를 식역하로 제시함으로써 아시아인에 대한 정체성을 점화하였다. 이를 위해 존 바지(John Barg)와 파울라 피에트로모나코(Paula Pietromonaco)가 사용한 컴퓨터 화면에 제시되는 단어의 위치 찾기 과제를 실시하였다(Bargh & Pietromonaco, 1982). 단어가 80ms의 속도로 제시되었기 때문에 단어를 읽을 수는 없었고, 단지 컴퓨터 화면에서 불빛이 깜빡이는 위치만 확인할 수 있었다. 컴퓨터 화면에 제시된 단어들은 조건에 따라 아시아와 관련된 단어(예: 도쿄, 홍콩, 젓가락, 기모노, 아시아 등)이거나 아시아와는 무관한 중립적인 단어(예: 물, 숫자, 사람들, 어떤 것, 항상 등)였다.

실험 결과에 따르면, 아시아인의 정체성이 식역하로 점화되었을 때 중립 단어가 점화되었을 때보다 아시아계 미국인의 수학 점수가 더 높게 나왔다. 어떠한 단어가 제시되었는지 의식적으로 자각하지 못했음에도 아시아인과 관련된 단어들이 무의식적으로 아시아인의 정체성을 점화하면, 자신의 정체성과 일치하는 방향으로 지적 과제 수행이 이루어진 것이다.

내 머릿속의 지우개: 노인 점화와 기억력

우리가 노인에 대해 가지고 있는 다양한 고정관념 중 하나는 노인이 젊은이와 비교하면 기억력이 떨어진다는 것이다. 특정 집단과 연합된 지식의 점화가 이러한 지식과 일치하는 방향으로 우리의 수행에 영향을 미친다는 것을 고려하면, '노인'이라는 지식이 점화되면 기억력이 떨어질 가능성이 있다고 예상할 수 있다.

압 데익스테르후이스 등의 연구자들은 실험 참여자에게 "노인을 얼마나 자주 만나나요?", "노인은 보수적이라고 생각하시나요?"와 같은 질문에 응답하도록 하였다(Dijksterhuis, Bargh, & Miedema, 2000). 이러한 질문에 응답하는 과정을 통해서 노인이라는 지식을 점화한 것이다. 약 3분에 걸쳐 노인과 관련된 질문에 응답한 참여자들은 두 번째 실험을 하기 위해 다른 실험실로 장소를 옮겨야 했다.

다른 실험실로 이동한 후에 참여자들은 기억력 검사를 했다. 기억력 과제는 다른 것이 아니고, 이전 실험실의 책상 위에 놓여 있던 물건을 기억해 내는 것이었다. 노인에 대한 질문에 응답하는 과제를 수행했던 참여자들의 책상 위에는 15개의 물건이 놓여 있었는데, 참여자들에게 이 물건 중에서 기억나는 것을 모두 자유롭게 회상해 보라고 지시했다.

실험 결과에 따르면, 노인 점화 조건의 참여자들이 대학생 점화 조건의 참여자들보다 더 적은 수의 물건을 기억해 낸 것으로 나타났다. 이러한 결과는 노인에 대한 지식의 무의식적 활성화가 우리가 노인에 대해 가지고 있는 지식과 일치하는 방식으로 기억과 같은 정신적 과제 수행에도 영향을 미칠 수 있다는 것을 보여 준다. 노인이라는 지식의 점화가 걸음걸이 속도가 느려지

는 것과 같은 단순한 신체운동의 변화뿐만 아니라 기억력 감퇴
와 같은 보다 복잡하고 정교한 정신적 과제의 수행에도 영향을
미칠 수 있다는 것이다.

펑크와 엔지니어 점화: 창의성과 분석적 사고

일탈은 창의성과 확연히 다른 개념이다. 하지만 두 개념은 서
로 연관되어 있다. 창의적인 문제해결은 기존의 정형화되고 관
행적인 문제 해결 방식으로부터의 일탈을 의미하기 때문이다.
엔스 포스터(Jens Förster)와 동료들은 일탈과 창의성이 우리의 정
신 표상에 연합되어 있는지 알아보고자 하였다(Förster, Friedman,
Butterbach, & Sassenberg, 2005). 이를 위해서 일탈 점화 조건에서는
20ms의 속도로 '일탈'이라는 단어가 제시되었고, 중립 점화 조건
에서는 '중립'이라는 단어가 같은 속도로 제시되었다. 따라서 참
여자들은 '일탈'이나 '중립'이라는 단어가 화면상에 제시되었다
는 사실을 알지 못했다.
일탈을 식역하로 점화한 후에 창의성 관련 단어(예: 창의적인, 상
상력, 오리지널 등), 창의성과 관련성이 낮은 단어(예: 좋아하는, 활
기찬, 적당한 등), 그리고 비단어를 제시하고, 단어-비단어 판단 과
제를 실시했다. 참여자들은 화면에 제시된 것이 실제 존재하는 단
어인지, 아니면 비단어인지를 가능한 한 빠르게 판단해야 했다.

이 실험 결과에 따르면, 일탈이 점화되었을 때가 중립이 점화되었을 때보다 창의성과 관련된 단어에 대한 반응이 빨라진 것으로 나타났다. 이러한 결과는 일탈과 창의성이라는 두 개념이 우리의 정신 표상에서 밀접하게 연결되어 있다는 것을 의미한다.

일탈과 창의성이 연합되어 있다면, 일달이라는 개념의 점화는 창의성을 촉진할 수 있을까? 이러한 가능성에 대해 알아보기 위해서 두 번째 실험에서는 펑크(punk)를 점화하는 것이 창의성을 증진하는지 알아보았다. 사전 조사에 따르면, 펑크는 엔지니어와 비교하면 훨씬 독특하다고 평가받았지만, 창의성에서는 차이가 없다는 평가를 받았다. 또한 호감이나 관심도에서도 펑크나 엔지니어에 대한 평가에 차이가 없었다. 펑크족에 대한 고정관념은 사회마다 다를 가능성이 큰데, 특히 독일에서는 펑크에 대한 부정적인 고정관념이 없다고 한다. 펑크를 개인의 정치적 성향을 반영하는 것으로 간주하기 때문이다.

펑크 점화 조건에서는 자신이 펑크라고 생각했을 때 떠오르는 생각을 모두 적으라고 지시했다. 이 과제는 타인의 관점에서 세상을 얼마나 잘 볼 수 있는지 알아보기 위한 것이라고 소개하고, 가능한 한 구체적이고 자세하게 자신의 생각을 기록하도록 하였다. 엔지니어 점화 조건에서도 자신이 엔지니어라고 생각했을 때 떠오른 생각을 적도록 했다. 그리고 난 다음에 창의적인 통찰력을 요구하는 문제와 분석적인 사고와 규칙을 필요로 하는 문제를 풀게 했다.

실험 결과에 따르면, 핑크 점화 조건의 참여자들이 엔지니어 점화 조건의 참여자들보다 정형화된 틀에서 벗어나 창의적인 사고를 요구하는 문제 풀이에서 더 좋은 점수를 받았다. 하지만 규칙과 논리가 있어야 하는 문제는 핑크가 점화된 학생들의 성적이 엔지니어가 점화된 학생들의 성적보다 더 낮은 것으로 나타났다.

이들의 마지막 연구에서는 추상적인 예술 작품을 통해서 일탈 개념이 점화될 수 있는지 알아보고자 하였다. 실험 참여자들은 추상적인 포스터가 한 장 붙어 있는 책상 앞에서 창의성 과제를 수행했다. 가로 70cm 세로 100cm 크기의 포스터에는 대문자 X가 그려져 있었다. 비일탈 점화 조건에서는 총 12개의 진한 녹색의 X가 가로 3개, 세로 4개씩 배열되어 있었다. 반면, 일탈 점화 조건에서는 하나의 X가 노란색이었다. 즉, 다수를 차지하는 11개의 진녹색 X로부터 일탈한 색깔을 가진 X가 하나 있었다.

창의성 과제는 벽돌 한 장을 창의적인 방법으로 사용할 수 있는 방안을 가능한 한 많이 생각해 내는 것이었다. 실험 결과에 따르면, 일탈 점화 조건의 참여자들이 비일탈 점화 조건의 참여자들보다 더 창의적인 방안을 제시하였다. 이러한 결과는 환경 요인에 의해 점화된 일탈의 개념이 창의성을 증진하는 데 도움을 줄 수 있다는 것을 보여 주는 것이다.

07

무의식적 동화와 대조

무의식적 동화와 대조

동화효과와 대조효과

점화에 관한 많은 연구는 성격 특질, 개념, 고정관념과 같은 지식의 무의식적 활성화가 그 지식의 내용과 일치하는 방식으로 우리의 판단과 행동을 유도하는 일종의 동화효과(assimilation effect)를 발생시킨다는 것을 보여 주었다. 예를 들어, '적대적'이라는 성격 특질이 점화되면 이후에 알게 된 사람의 모호한 행동이 보다 '적대적인' 행위로 보인다(Srull & Wyer, 1979). 하지만 또 다른 연구들은 점화가 동화효과와는 상반되는 대조효과(contrast effect)를 유도할 수도 있다는 것을 보여 주었다.

폴 헤어(Paul Herr)의 연구에서는 참여자들에게 퍼즐을 풀도록 하였는데, 퍼즐의 정답 중에는 '적대감'과 관련된 대표적인 인물들의 이름(예: 히틀러)이 포함되어 있었다(Herr, 1986). 참여자들이 퍼즐을 푸는 동안 무의식적으로 적대감이 점화되도록 한 것이다. 퍼즐 과제가 모두 끝난 후에 참여자들은 모호한 행동을 한 사람에 대해 평가하였다. 실험 결과에 따르면, 히틀러와 같은 구체적인 인물을 통해 적대감이 점화되었던 참여자들은 평가 대상 인물을 '덜' 적대적이라고 판단한 것으로 나타났다. 즉, 히틀러 점화가 동화효과를 발생시킨 것이 아니라 오히려 대조효과를 발생시킨 것이다.

아인슈타인이 멍청함을 유도할 때: 범주와 사례 점화

'적대적'이라는 성격 특질이 점화되었을 때는 동화효과가 발생하고, 적대감의 대표적인 사례인 '히틀러'가 점화되었을 때는 대조효과가 발생한다는 연구 결과는 점화효과가 점화된 지식의 구체성에 따라 달라질 수 있다는 것을 암시한다. 즉, 성격 특질(예: 적대적인)이나 범주(예: 나치)와 같이 여러 대상을 포함하는 전반적이고 전체적인 지식이 점화되었을 때는 동화효과가 발생하지만, 히틀러처럼 좀 더 구체적이고 전형적인 사례가 점화되었을 때는 대조효과가 발생한다는 것이다.

압 데익스테르후이스(Ap Dijksterhuis) 등의 네덜란드 심리학자들은 '똑똑함' 또는 '멍청함'에 관한 생각이 지적 수행에 어떠한 영향을 미치는지 알아보기 위해서 '똑똑함' 또는 '멍청함'과 관련된 범주와 사례를 점화하였다(Dijksterhuis, Spears et al., 1998). 이들의 연구에서 똑똑함과 연합된 범주로는 교수를 제시했고, 이를 대표하는 전형적인 사례로는 알베르트 아인슈타인(Albert Einstein)을 제시했다. 한편 멍청함과 연합된 범주로는 슈퍼모델을 제시했다. 네덜란드 사람은 슈퍼모델이 아름답기는 하지만 지적 능력은 떨어진다는 고정관념을 가지고 있다고 한다. 슈퍼모델의 전형적인 사례로는 당시 슈퍼모델로 전 세계적인 유명세를 떨쳤던 클라우디아 쉬퍼(Claudia Schiffer)를 제시했다. 실험 조건별로 교수, 슈퍼모델, 아인슈타인, 쉬퍼가 점화되었다. 그러고 난 후에 일반 상식과 관련된 퀴즈를 풀도록 하였다.

실험 결과에 따르면, 똑똑함과 관련된 범주인 교수에 대해 생각한 참여자들은 멍청함과 관련된 범주인 슈퍼모델에 대해 생각한 참여자들보다 퀴즈 점수가 더 높은 것으로 나타났다. 즉, 멍청함과 관련된 슈퍼모델에 대해 떠올렸을 때보다 교수에 대해 생각했을 때 더 똑똑해지는 동화효과가 나타났다. 하지만 아인슈타인을 떠올렸던 조건의 참여자들은 쉬퍼를 떠올렸던 조건의 참여자들보다 퀴즈 점수가 더 낮은 것으로 나타났다. 즉, 멍청함과 관련된 범주의 특정 사례를 생각했을 때보다 똑똑함과 관련된 범주의 대표 인물을 생각했을 때 오히려 멍청해지는 대조효과가 나타난 것이다.

여왕이 발걸음을 가볍게 만들 때

범주를 대표하는 전형적인 사례가 점화되면 동화효과보다는 대조효과가 발생할 가능성이 크다는 연구 결과는 이후의 연구에서도 지속적으로 보고되었다. 예를 들면, 압 데익스테르후이스 등(Dijksterhuis, spears et al., 1998)의 연구자들은 두 번째 연구에서 네덜란드 학생들에게 당시 89세였던 네덜란드 여왕을 점화한 후에 걸음걸이 속도를 측정하였다. 즉, 노인 범주의 전형적인 사례가 무의식적으로 활성화되었을 때 신체운동에 어떠한 영향을 미칠지 알아본 것이다.

실험 결과에 따르면, 중립적인 대상이 점화되었던 참여자들보다 여왕이 점화된 참여자들이 더 빨리 걷는 것으로 나타났다. 즉, 대조효과가 발생한 것이다. 이러한 결과는 노인이라는 범주를 점화했을 때 걸음걸이 속도가 느려지는 동화효과를 발견했던 존 바지(John Bargh) 등의 기존 연구 결과(Bargh, Chen, & Burrows, 1996)와는 반대되는 것이다.

슈퍼 히어로는 되고, 슈퍼맨은 안 된다

도움과 연합된 범주와 사례의 점화도 동화효과와 대조효과를 유발할 수 있다. 앞서 5장에서 짧게 언급했듯이 레이프 넬슨(Laif

Nelson)과 마이클 노턴(Michael Norton)의 연구에서는 지구와 인류를 돕는 초인들의 집합인 슈퍼 히어로라는 범주가 점화되었을 때는 슈퍼 히어로에 대해 우리가 지닌 지식과 일치하는 방향으로 도움행동이 촉진되는 동화효과가 발생했다. 하지만 슈퍼 히어로의 전형적인 사례인 슈퍼맨이 점화된 경우에는 슈퍼맨에 대한 우리의 생각과는 반대로 도움행동이 감소하는 대조효과가 발생했다.

보다 구체적으로 넬슨과 노턴의 연구(Nelson & Norton, 2005)에서는 실험 조건별로 슈퍼 히어로, 슈퍼맨 또는 도움과 무관한 중립적인 대상에 대해 떠오른 생각들을 약 4분간 쓰도록 하였다. 그런 다음에 붐비는 지하철에서 할머니에게 자리를 양보할지에 관해 물었다. 그 결과, 슈퍼 히어로가 점화된 참여자들은 중립적인 대상을 떠올렸던 통제조건의 참여자들보다 할머니에게 자리를 양보하겠다는 의향이 더 강한 것으로 나타났다. 즉, 도움과 관련된 범주인 슈퍼 히어로에 대한 생각은 다른 사람들에게 도움을 더 주도록 만드는 동화효과를 유발했다. 하지만 도움과 관련된 전형적 사례인 슈퍼맨을 떠올렸던 참여자들은 오히려 통제조건의 참여자들보다 할머니에게 자리를 양보하겠다는 의향이 약했던 것으로 나타났다. 즉, 도움과 관련된 대표적 인물인 슈퍼맨에 관한 생각은 오히려 도움을 주고자 하는 의도를 약화하는 대조효과를 유발한 것이다.

해석비교모형

동화효과와 대조효과에 대한 연구의 공통점은 동일한 지식과 연합되어 있음에도 범주를 점화하면 동화효과가 발생하고, 사례를 점화하면 대조효과가 발생한다는 것이다. 이러한 차이를 설명하기 위해 제안된 모형 중 하나는 해석비교모형(Interpretation/Comparison Model)(Stapel & Koomen, 2001)이다.

해석비교모형(Stapel & Koomen, 2001)은 동화효과와 대조효과는 점화된 지식을 토대로 해석 과정이 일어나느냐 또는 비교 과정이 일어나느냐에 따라 결정된다고 가정한다. 점화된 지식에 대한 해석 과정이 진행되는 경우에는 동화효과가 발생한다. 예를 들어, 점화의 결과 '노인'이라는 지식에 대한 해석 과정이 진행되면, 노인에 대한 해석이 우리의 판단과 행동에 영향을 준다. 그 결과, 노인에 대해 우리가 지니는 지식과 일치하는 방향으로 걸음걸이의 속도가 느려지는 동화효과가 일어난다.

하지만 비교 과정이 일어나면 점화된 지식이 비교 기준으로 작용한다. 그 결과, 판단이나 행동이 점화된 지식의 내용과는 대비되는 방향으로 이루어진다. 예를 들면, 아인슈타인이 점화되었을 때 비교 과정이 이루어지면 아인슈타인과 자신이 비교되면서 자신의 지적 능력이 떨어져 보인다. 그 결과 지적 수행도 떨어진다. 즉, 비교 기준인 아인슈타인에 대해 우리가 가지고 있는 지식과는 대비되는 방향으로 지적 수행이 떨어지는 대비효과가 일어난다는 것이다.

해석비교모형에서 동화효과와 대조효과를 유발하는 핵심 요인은 어떠한 정보처리 과정이 이루어지느냐. 해석 과정이 일어나느냐, 아니면 비교 과정이 이루어지느냐에 따라 점화효과가 달라진다. 그렇다면 정보처리 과정의 유형을 결정하는 것은 무엇인가?

어떠한 정보처리 과정이 일어날 것인가는 제시되는 자극의 유형에 달려 있다. 개념이나 범주 또는 성격 특질이 점화되었을 때는 해석 과정이 일어나지만, 구체적이고 분명한 사례가 점화되면 비교 과정이 작동한다. 개념, 범주 그리고 성격 특질은 상대적으로 추상적이고 해석의 여지가 많아서 해석 과정이 주로 일어나는 반면, 구체적인 사례는 대상이 매우 분명하고 명확해서 대비 과정이 일어날 가능성이 크다. 따라서 추상적인 개념인 '적대적인'과 같은 성격 특질이 점화되거나, 적대감과 연합된 범주인 '나치'가 점화되면 판단이나 행동에 동화효과가 발생할 가능성이 크다. 그 결과, 중립적인 인물에 대해 더 공격적인 사람이라는 인상을 형성하게 된다는 것이다. 하지만 나치의 대표적인 사례인 히틀러가 점화되면 평가 대상이 히틀러와 비교되고, 그 결과 중립적인 인물에 대해 공격적이지 않은 사람이라는 인상을 받게 된다. 물론 이러한 동화 과정과 대조 과정은 무의식 수준에서 자동적으로 진행된다.

거북이는 의외로 빨리 걷는다:
유사성과 비교 가능성 지각

비교 과정을 유도하는 요인 중 하나는 바로 유사성이다. 비교 과정은 점화된 지식과 평가 대상이 비교가 가능할 정도로 유사해야 일어난다. 실제로 사람들은 자신과 유사한 사람을 비교의 대상으로 삼는다. 내가 수학을 얼마나 잘하는가는 자신과 비슷한 사람들과의 비교로 결정된다. 예를 들어, 고등학생은 자신과 비슷한 처지에 있는 다른 고등학생과의 비교를 통해 자신의 위치를 파악한다. 고등학생이 다섯 살 어린이와 자신의 수학 실력을 비교하지는 않는다. 고등학생과 어린이는 수학 실력을 비교하기에는 너무 다른 대상이기 때문이다.

헨크 아르츠(Henk Aarts)와 압 데익스테르후이스는 동화효과와 대조효과가 일어나는 이유를 비교 가능성에서 찾았다(Aarts & Dijksterhuis, 2002). 적대감이나 친절함 같은 개념은 추상적인 범주인데, 이 같은 정보는 이후 판단 과제에서 해석의 틀을 제공해 동화효과가 발생한다는 것이다. 하지만 구체적인 사례인 히틀러는 이후 판단 과제를 함에 있어 분명한 비교 기준을 제공함으로써 대조효과를 이끈다. 비교가 가능해야 대조효과가 발생하는데, 비교가 가능하다고 지각하게 만드는 요인이 바로 유사성이다.

그들은 참여자들이 동물과 인간이 비슷하다고 생각하는지, 그래서 동물과 사람이 비교 가능하다고 생각하는지를 먼저 측정했다. 그런 다음에 동물을 이용해서 속도를 점화했다. 빠른 속도 점화 조건에서는 달리는 속도가 빠른 동물(예: 치타, 영양 등)을 문장 구성 과제에 사용했고, 느린 속도 점화 조건에서는 속도가 느린 동물(예: 거북이, 달팽이 등)이 제시되었다. 그러고 난 후에 걷고 있는 사람의 사진을 제시하고 이 사람의 걷는 속도를 판단하도록 하였다.

실험 결과에 따르면, 인간과 동물이 유사하다고 생각하고, 그래서 비교 가능성을 높게 지각하고 있던 사람들은 빠른 동물이 점화되었을 때, 느린 동물이 점화되었을 때보다 사진 속 인물이 더 느리게 걷고 있다고 판단하였다. 즉, 대조효과가 발생했다. 동물을 인간과 유사하다고 생각한 사람들에게는 비교 과정이 일어났고, 그 결과 거북이처럼 느리게 움직이는 동물이 점화되었을 때는 치타같이 빠른 동물이 점화되었을 때보다 사진 속 인물이 더 빠르게 걷고 있는 것처럼 지각된 것이다.

하지만 인간과 동물의 유사성을 낮게 보고, 그래서 비교 가능성을 낮게 지각하고 있던 사람들은 빠른 동물이 점화되었을 때, 느린 동물이 점화되었을 때보다 사진 속 인물이 더 빠르게 걷고 있다고 판단하는 동화효과가 나타났다. 즉, 비교 가능성이 낮다고 생각한 사람들에게는 점화된 동물과 사진 속 인물들 간의 비교는 이루어지지 않고 점화된 동물에 대한 해석 과정만 진행된 것이다. 그 결과, 거북이처럼 느리게 움직이는 동물이 점화되었을 때는 치타 같은 빠른 동물이 점화되었을 때보다 사진 속 인물이 더 느리게 걷고 있는 것처럼 지각된 것이다.

두 번째 연구에서는 인간과 동물의 비교 가능성 정도를 조작했다. 유명한 학술지에 실린 연구라고 소개한 글을 통해 높은 유사성 조건의 경우, 동물과 사람은 유사하고 비교 가능하다는 내용이 제시되었다. 반면, 낮은 유사성 조건의 경우에는 동물과 인간은 유사점이 없어 비교할 수 없다는 내용이 제시되었다.

학술지에 실린 연구에는 빠르거나(치타, 영양 등) 느린(달팽이, 거북이 등) 동물이 예로 제시되어 점화가 이루어졌다. 그러고 난 후에 다음 과제를 수행하기 위해 약 5m 떨어진 책상 위에 놓인 봉투를 가져오는 데 걸린 시간을 측정하였다.

연구 결과, 높은 유사성 조건의 참여자들은 빠른 동물이 점화되었을 때는 느린 동물이 점화되었을 때보다 봉투를 가져오는 데 시간이 더 많이 걸린 것으로 나타났다. 대조효과가 일어난 것이다. 하지만 낮은 유사성 조건의 참여자들은 빠른 동물 점화 조건에서는 느린 동물 점화 조건에서보다 더 빠르게 봉투를 가져온 것으로 나타났다. 동화효과가 일어난 것이다.

이러한 연구 결과는 동화효과와 대조효과를 구분 짓는 중요한 기준이 비교 가능성이라는 점을 확인해 준다. 동화효과와 대조효과가 특정 대상에 관한 판단뿐 아니라 행동에도 영향을 미친다는 것을 보여 준다.

장동건과 김태희, 누가 더 좋은 모델인가: 자신과의 비교 가능성

 광고의 경우, 여성 소비자를 목표로 할 때는 매력적인 여성 광고 모델을 사용하고, 반대로 남성 소비자를 목표로 삼고 있는 경우에는 매력적인 남성 광고 모델을 사용하는 경우가 일반적이다. 예를 들어, 여성 화장품 모델은 매력적인 여성이, 반대로 남성 화장품은 매력적인 남성 모델이 등장한다. 이러한 전략의 밑바탕에는 소비자가 자신도 광고에 등장하는 모델처럼 매력적으로 변하기 위해서 광고에 소개된 제품을 사용하도록 만들기 위해서는 모델과 소비자의 성별이 같아야 한다는 가정이 존재한다.

 전우영과 김남희(2011)의 연구에서는 범주와 사례 점화가 소비자들의 판단에 미치는 영향을 통해 동화효과와 대조효과를 확인하고자 하였다. 보다 구체적으로, 실험 참여자에게 남성 범주 자극인 미남, 여성 범주 자극인 미녀, 남성 사례 자극인 장동건 그리고 여성 사례 자극인 김태희에 관해 기술하도록 한 후에 인터넷 쇼핑몰에서 판매되고 있는 제품에 대해 평가하도록 하였다. 평가 대상 제품은 남성적 제품도 아니고 여성적 제품도 아닌 저농약 딸기였다.

 실험 결과에 따르면, 남성은 자신과 동성의 사례 자극인 장동건이 점화되었을 때 범주 자극인 미남이 점화되었을 때보다 제품에 관한 판단이 부정직인 방향으로 이루어졌다. 하지만 이성 사례 자극인 김태희가 점화되었을 때는 범주 자극인 미녀가 점화 되었을 때보다 저농약 딸기에 관한 판단이 긍정적인 방향으로 이루어졌다. 여성도 동성인 김태희가 점화된 경우에는 미녀가 점화된 경우보다 저농약 딸기에 관한 판단이 부정적으로 이루어졌 지만, 이성인 장동건이 점화되었을 때는 미남이 점화된 경우보다 저농약 딸기에 관한 판단이 긍정적인 방향으로 이루어졌다.

매력적인 동성 사례가 점화되었을 때는 매력적인 동성 범주가 점화되었을 때보다 제품에 관한 판단이 부정적으로 이루어졌지 만, 매력적인 이성 사례가 점화되었을 때는 매력적인 이성 범주 가 점화되었을 때보다 제품에 관한 판단이 긍정적으로 이루어진 것이다.

동화효과와 대조효과의 관점에서 본다면, 이러한 결과는 전형 적인 사례 점화가 소비자의 판단에 미치는 영향은 점화 자극의 성별과 소비자의 성별 일치 여부에 따라 달라질 수 있다는 것을 보여 준다. 즉, 남성은 동성인 장동건이 점화됐을 때 점화된 지 식의 내용과는 반대되는 방향으로 판단이 이루어지는 대조효과 가 나타났다고 볼 수 있다. 하지만 이성인 김태희가 점화됐을 때 는 점화된 지식이 내용과 일치하는 방식으로 판단을 유도하는 동화효과를 유발하였다. 여성도 동성인 김태희가 점화됐을 때는 제품에 대한 평가가 부정적으로 이루어지는 대조효과가 발생했지만, 이성인 장동건이 점화됐을 때는 제품을 긍정적으로 평가하는 동화효과가 발생했다.

이러한 결과는 사례 자극이 점화된 경우에도 활성화된 내용이 자신과 적절한 비교 대상일 때만 비교 과정이 일어날 가능성이 크다는 것을 보여 준다. 남성이나 여성 모두 매력적인 동성 사례 자극이 점화되었을 때는 자신과의 비교 과정이 일어나서 대조효과가 발생했지만, 매력적인 이성 사례 자극이 점화되었을 때는 매력적인 사례 자극의 이미지와 일치하는 방향으로 제품에 관한 판단이 이루어지는 동화효과가 발생한다. 따라서 동화효과와 대조효과가 발생하는 이유가 단지 점화 자극이 범주 자극인지 또는 사례 자극인지에 따라 결정되는 것이 아니라, 점화된 지식과 자기 자신이 적절한 비교 대상인가에 따라 결정된다는 것을 보여 준다.

마케팅 현장에 이 연구 결과를 적용하면, 매력적인 이성 모델은 소비자가 제품에 대한 긍정적인 판단을 하도록 유도하는 데 효과적이라는 것을 알 수 있다. 하지만 매력적인 동성 모델은 기존의 마케팅 현장의 기대와는 반대로 오히려 제품에 대한 부정적인 판단을 유도할 가능성이 있다는 것을 보여 준다. 물론 점화 효과가 제품과 서비스의 형태(예: 여성적 제품인가, 남성적 제품인가)에 따라 어떻게 달라질 수 있는지는 추가 연구가 필요하다.

독립할 것인가, 동화될 것인가: 문화 점화효과

문화에 따라 자기(self)에 대한 해석에 차이가 있다(Markus & Kitayama, 1991). 서양과 같은 개인주의적인 사회에서는 자기를 다른 사람과 구분하려는 경향이 강하지만, 동양처럼 집단주의적인 사회에서는 자신을 다른 사람과의 관련성을 통해 규정하려는 경향이 강하다.

다른 사람과 차별화하여 자기를 인식하는 독립적인 자기 해석은 다른 사람과의 비교를 통한 대조효과를 발생시킬 가능성이 크다. 하지만 다른 사람과 자신을 하나의 범주에 포함시켜서 생각하고 관계적인 측면을 중요시하는 상호 의존적인 자기 해석은 동화효과를 발생시킬 가능성이 크다. 즉, 문화에 따른 자기 해석의 차이가 동화효과와 대조효과의 발생에도 영향을 미칠 가능성이 크다고 예상할 수 있다.

이러한 가정을 검증하기 위해서 디데릭 스타플(Diederik Stapel)과 윌렘 쿠멘(Willem Koomen)은 실험 참여자들에게 도시로의 여행에 관해 쓴 글을 제시하였다(Stapel & Koomen, 2001). 참여자들에게 교정과 단어 탐색 능력을 알아보기 위해서 제시된 글에 나와 있는 모든 대명사에 동그라미를 표시해 달라고 지시했다.

글의 내용은 동일했고 대명사의 개수도 19개로 동일했지만,

조건에 따라 사용된 대명사가 달랐다. 독립적 자기 해석 점화 조건에서는 모든 대명사가 '나(I 또는 me)'를 나타내는 것이었다. 반면, 상호 의존적 자기 해석 점화 조건에서는 모든 대명사가 '우리(we 또는 us)'를 나타내는 것으로 구성되었다. 통제조건에서는 모든 대명사가 중립적인 대상인 '그것(it)'을 나타내는 것이었다.

교정 과제가 끝난 후에 조건에 따라 학업과 일에서 성공을 거둔 사람 또는 실패한 사람을 묘사한 글을 읽도록 했다. 그런 다음에 참여자들에게 자기 스스로에 대해 평가하도록 하였다. 실험 결과에 따르면, 상호 의존적인 자기가 점화된 사람들은 자신의 분야에서 성공한 사람에 대한 글을 읽은 후에 자기를 좋게 평가하는 동화효과가 나타났다. 하지만 독립적이고 개인적인 자기가 점화된 사람들의 경우에는 오히려 성공한 사람에 대한 글을 읽은 후에 자신을 부정적으로 평가하는 대조효과가 나타났다.

이러한 결과는 자기개념이 주로 해석 과정을 유도하는지 또는 비교 과정을 유도하는지에 따라 점화된 지식이 자기평가에 미치는 영향이 달라질 수 있다는 것을 보여 준다. 우리나라도 상호 의존적 자기개념이 두드러진 문화에 속한다는 것을 생각하면, 우리 국민에게는 대조효과보다는 동화효과가 더 만성적으로 일어날 가능성이 클 것이라고 예상할 수 있다.

선택적 접근 가능성 모형

동화효과와 대조효과를 설명하는 또 다른 모형 중 하나는 선택적 접근 가능성 모형(Selective Accessibility Model)(Mussweiler, 2003; Mussweiler & Damisch, 2008)이다. 토머스 무스바일러(Thomas Mussweiler) 등의 연구자는 점화가 자연스럽게 비교 기준을 설정하도록 만든다고 가정한다. 즉, 히틀러가 점화되면 히틀러가 비교 기준이 된다. 비교 기준 설정과 동시에 판단 대상과의 비교가 이루어진다. 이 비교 과정에서 두 개의 비교 방법 중에서 하나를 선택하는데, 그 결과 접근 가능한 정보의 종류가 달라진다.

하나의 비교 방법은 유사성 검증이다. 이는 비교 기준과 판단 대상 사이의 유사성에 초점을 맞춘 비교다. 예를 들어, 히틀러를 점화하고 자신의 공격성 정도를 판단하도록 하면 히틀러와 자신이 유사할 것이라는 가설을 검증하는 방식으로 유사성에 초점을 맞춰 비교를 하는 것이다. 그렇게 되면 히틀러와 자신의 유사점에 대한 다양한 정보를 발견하게 된다. 즉, 유사성을 지지하는 정보에 대한 접근 가능성이 높아진다. 그 결과, 자신을 더 공격적인 사람으로 판단하게 된다. 히틀러라는 비교 기준에 마치 자신이 물든 것처럼 평가가 이루어진 것이다. 즉, 동화효과가 발생한다.

또 다른 비교 방법은 비유사성 검증이다. 이는 비교 기준과 판단 대상 사이의 차이점에 초점을 맞춰서 비교를 진행하는 것이다. 마치 비유사성에 대한 가설을 설정하고 이를 검증하는 것처럼 히틀러와 자신의 차이점을 찾아내기 위한 비교가 이루어진다. 따라서 히틀러와 자신의 차이점에 대한 정보의 접근 가능성이 높아진다. 그 결과, 히틀러와 대비되는 자신의 모습을 발견하게 되며, 히틀러와 자신은 아주 많이 다른 사람이라고 판단하기에 이른다. 즉, 대조효과가 발생한 것이다.

따라서 선택적 접근 가능성 모형에 따르면, 동화효과와 대조효과는 모두 비교 과정을 통해 발생하는데, 무엇에 초점을 맞춰서 비교하느냐에 따라 결과가 달라진다. 즉, 유사성을 중심으로 비교하느냐, 비유사성을 중심으로 비교하느냐에 따라 전혀 다른 결과가 발생한다고 예상하는 것이다. 유사성을 중심으로 비교하는 과정을 거치면 이전에 떠올렸던 대상과 일치하는 방향으로 개인의 행동이나 판단이 유도되는 동화효과가 발생한다고 설명한다. 하지만 비유사성을 중심으로 비교하는 과정을 거치면 오히려 점화된 지식과는 반대되는 방향으로 행동을 하거나 판단을 내리는 것과 같은 대조효과가 발생한다.

비교를 위해 사람들이 주로 사용하는 전략은 유사성 검증이라고 한다. 이처럼 일반적으로 점화는 동화효과를 유발할 가능성이 크다. 하지만 비유사성 검증을 하는 경우도 있는데, 점화된 지식이 너무 극단적이면 차이에 집중하는 비교가 이루어질 가능성이 크다. 많은 경우에 성격 특질, 개념, 범주와 같은 지식보다는 구체적인 사례가 더 극단적이다. 따라서 선택적 접근 가능성 모형에 따르면, 기존의 많은 연구에서 전형적인 사례를 이용한 점화가 대조효과를 유발한 것은 비유사성 검증 과정을 통해서 점화 대상과의 차이 정보에 대한 접근 가능성이 높아졌기 때문이라는 것이다.

실제로 제프리 해덕(Geoffrey Haddock)과 동료들이 수행한 연구 결과는 선택적 접근 가능성 모형을 지지한다(Haddock, Macrae, & Fleck, 2002). 이들은 실험 참여자들에게 클라우디아 쉬퍼, 케이트 모스(Kate Moss) 그리고 나오미 캠벨(Naomi Campbell) 등과 같은 유명 슈퍼모델들의 사진을 보여 주었다. 유사성 초점 조건에서는 사진 속 인물들이 서로 얼마나 유사한지에 대해 기술하도록 했다. 반면, 차이 초점 조건에서는 사진 속 인물들이 얼마나 서로 다른지에 대해 기술하도록 했다. 통제조건에서는 꽃을 찍은 사진을 보여 주고 사진 속 대상에 대해 묘사하도록 했다. 그리고 점화 과제가 끝나고 난 다음에 참여자들에게 일반 상식과 관련된 퀴즈를 풀도록 했다.

이 실험 결과에 따르면, 슈퍼모델이 점화되었을 때 유사성에 초점을 맞춘 참여자들은 통제조건의 참여자들보다 퀴즈 점수가 더 낮게 나타났다. 즉, 유럽인이 슈퍼모델에 대해 가지고 있는 '멍청하다'는 고정관념과 일치하는 방식으로 퀴즈 문제를 잘 풀지 못했다. 동화효과가 발생한 것이다. 하지만 슈퍼모델 간의 차이점을 중심으로 비교하는 과정을 거쳤던 참여자들은 통제조건보다 더 높은 점수를 받은 것으로 나타났다. 즉, '멍청함'에 대한 고정관념과는 상반되는 방향으로 '똑똑하게' 퀴즈 문제를 풀었다. 대조효과가 발생한 것이다.

이러한 연구 결과는 슈퍼모델의 전형적인 사례가 점화되어도 동화효과가 발생할 수 있다는 것을 보여 준다. 유사성 검증 과정은 동화효과를 유발하고, 비유사성 검증 과정은 대조효과를 유발하였다. 이는 선택적 접근 가능성 모형의 가정처럼 동화효과가 발생할 것인지, 아니면 대조효과가 발생할 것인지는 어떠한 비교 과정에 초점을 맞추느냐에 따라 달라질 수 있다는 것을 보여 준다.

깔끔함이 더러움을 낳을 때:
내집단 동화효과와 외집단 대조효과

사람들은 자신이 어떤 집단에 소속되었는가를 토대로 자신의 정체성을 규정한다. 토머스 슈베르트(Thomas Schubert)와 마이클 하프너(Michael Häfner)는 동화효과와 대조효과 중에서 무엇이 일어날지에 영향을 미치는 요인 중 하나는 점화 자극의 집단 소속에 대한 지각이라고 가정하였다(Schubert & Häfner, 2003).

만약 점화 자극이 자신과 같은 집단인 내집단(in-group) 소속이라고 지각하면, 점화된 지식의 내용과 일치하는 방향으로 판단과 행동이 촉진되는 동화효과가 발생한다. 하지만 점화 자극이 자신이 속하지 않은 외집단(out-group) 소속이라고 지각하면, 점화된 지식의 내용과 반대되는 방향으로 판단과 행동이 이루어지는 대조효과가 발생한다는 것이다.

사람들은 자신이 속한 내집단에 의해 수용되거나 인정받고 싶은 욕구가 있다. 그 결과, 내집단의 규범에 맞춰서 행동하고 다른 구성원들과 비슷해지기 위해서 노력한다. 자신과 내집단 구성원들 사이의 유사성에 초점을 맞추는 것이다. 이러한 과정이 내집단 구성원이 점화되었을 때 동화효과가 유발될 가능성을 높여 준다. 반면에 외집단은 많은 경우에 우리와 다른 사람들이고, 우리와 한정된 자원을 놓고 경쟁하는 사람들이기도 하다. 그 결과, 외집단과 내집단은 늘 비교 대상이 된다. 따라서 내집단과 외집단의 유사성에 집중하기보다는 차이점에 초점을 맞추는 경향이 강하다. 이러한 과정이 외집단 구성원이 점화되었을 때 대조효과를 유발할 가능성을 높인다.

슈베르트와 하프너는 거짓 피드백을 이용해서 실험 참여자들의 집단 소속을 조작했다. 참여자들에게 두 가지 다른 그림으로 해석할 수 있는 12개의 애매한 그림을 보여 주고, 무엇으로 보이는지 판단하도록 했다. 참여자들에게는 개인의 지각 유형은 크게 대상 초점형과 배경 초점형으로 나뉘는데, 이 과제를 통해 개인의 지각 유형을 파악할 수 있다고 알려 주었다. 그러고 난 다음에 참여자에게 채점 결과 그들의 지각 유형은 배경 초점형이라고 통보했다. 사실은 모든 참여자에게 그들의 지각 유형이 배경 초점이라는 거짓 피드백이 제공되었다.

두 번째 과제에서 외집단 조건의 참여자들에게는 대상 초점형의 사람들이라고 소개한 다섯 명의 사진을 보여 주고 인상을 형성하도록 하였다. 즉, 외집단 구성원들의 사진을 보고 인상을 형성하는 과제였다. 반면 통제조건의 참여자들에게는 사진 속 인물들이 어떠한 지각 유형의 사람들인지에 대해 언급하지 않았다. 사진 속 인물들은 조건에 따라 노인이거나 청년이었다.

인상 형성 과제가 끝나고 난 다음에 참여자들은 단어-비단어 판단 과제를 실시했다. 화면에 제시되는 철자들이 실제 존재하는 단어인지 아닌지를 가능한 한 빠르게 답하는 과제였다. 여기서 제시된 단어들은 노인이나 청년과는 관련 없는 단어였다. 실험 결과에 따르면, 노인과 청년 점화가 반응속도에 미친 영향은 참여자들이 사진 속 인물들을 외집단 구성원으로 파악했는지의 유무에 따라 달라졌다. 노인이 점화된 경우에는 사진 속의 노인이 자신과는 다른 지각 유형을 가진 외집단 구성원이라고 생각했을 때, 통제조건과 비교하면 참여자들의 반응속도가 빨라졌다. 즉, 노인이 외집단 구성원이라고 생각했을 때, 노인 점화는 반응속도를 빠르게 만드는 대조효과를 유발한 것이다. 반대로 청년이 점화된 경우에는 사진 속의 청년들이 외집단 구성원이라고 생각했을 때 통제조건보다 참여자들의 반응속도가 느려졌다. 즉, 청년들이 외집단 구성원이라고 생각했을 때, 청년 점화는 반응속도를 늦추는 대조효과를 발생시킨 것이다.

러셀 스피어스(Russell Spears) 등의 연구에서도 외집단과 연합된 고정관념이나 특질의 점화가 대조효과를 유도할 수 있다는 것을 보여 주었다(Spears, Gordijn, Dijksterhuis, & Stapel, 2004). 이들의 연구에서는 문장 구성 과제를 이용해서 '깔끔함'을 점화하기 전후에 색칠하기 과제를 실시했다. 색칠하기는 미리 윤곽선이 그려진 그림에 색을 채워 넣는 과제였다. 참여자들에게는 문장 구성 과제를 만든 사람이 내집단 구성원이거나 경쟁 관계에 있는 외집단 구성원이라고 알려 주었다.

이 실험 결과에 따르면, 깔끔함이 외집단 구성원과 연합되었을 때 내집단과 연합된 경우에 비해, 참여자들이 칠한 색이 윤곽선을 벗어나 지저분하게 칠해진 경우가 더 많은 것으로 나타났다. 즉, '깔끔함' 점화가 외집단과 연합되면 오히려 점화된 지식이 의미하는 방향과는 반대되는 행동이 촉진되는 대조효과가 발생한 것이다.

스피어스 등은 두 번째 연구에서 '바쁨'과 연합되어 있는 직장인을 점화했다. 통제조건에서는 바쁨과는 관련성이 적은 여행자를 점화했다. 그리고 난 후에 짧은 설문지를 제시했다. 이 설문지에는 당시 실험에 참여한 네덜란드 암스테르담 대학교 심리학과 학생들의 정체감을 활성화하는 질문들이 포함되어 있었다. 이 설문에 응답하는 동안 직장인을 자신과는 다른 외집단 소속의 구성원으로 지각하도록 만든 것이다.

참여자들에게는 설문을 마치면 옆방에 있는 프랭크라는 담당자가 와서 실험 참가 확인증을 줄 텐데, 혹시 안 오면 옆방에 가서 직접 확인증을 받아 가면 된다고 알려 주었다. 하지만 실제로는 프랭크는 나타나지 않았고, 확인증을 받기 위해서는 참여자들이 옆방으로 가야만 했다. 연구자들은 참여자들이 설문지를 완성한 후에 얼마나 빨리 옆방으로 가는지를 측정했다.

실험 결과에 따르면, 직장인을 자신과 다른 집단에 속한 외집단 구성원이라고 생각했을 때, 직장인 점화는 학생들이 확인증을 받기 위해서 옆방으로 가는 속도를 늦춘 것으로 나타났다. 즉, 직장인 점화 조건의 참여자들이 여행자 점화 조건의 참여자들보다 더 천천히 옆방으로 움직인 것이다. 이러한 결과는 자신이 심리학과 학생이라는 정체성이 활성화되면서 직장인을 자신과는 다른 외집단이라고 생각했을 때 점화된 직장인에 대한 지식과는 반대되는 방향으로 행동이 촉진되는 대조효과가 발생한다는 것을 보여 준다.

08

무의식적 목표

무의식적 목표

무의식적 목표의 활성화

목표는 우리가 바라는 상태에 대한 정신적 표상이다. 이러한 상태는 행동(예: 아이스크림을 먹는 것)이 될 수도 있고, 또는 어떤 한 행동의 결과물(예: 자부심을 느끼는 것)이 될 수도 있다. 사람들은 목표를 성취하기 위해서 행동한다. 이러한 목표 추구 행동은 그동안 지극히 의식적인 과정으로 간주되었다. 즉, 사람들은 의식적으로 자신이 원하는 목표나 결과에 대해 생각하고, 그것이 정해지면 이를 성취하기 위한 수단이나 행동을 결정하게 된다. 하지만 최근의 연구는 목표 자체가 무의식적으로 활성화될 수 있다는 것을 보여 주고 있다. 삶의 공간에 존재하는 다양한 자극이 우리가 의식하지 못하는 사이에 특정 목표를 점화하고, 동기를 부여하고, 목표를 향해 행동하도록 이끌 수 있다는 것이다.

목표가 무의식적으로 활성화될 수 있는 이유는 목표도 다른 지식과 마찬가지로 우리 정신세계의 다양한 표상 중 하나이기 때문이다. 즉, 목표와 수단 그리고 행동이 서로 연결되어 있기 때문에 특정 목표가 점화되면, 목표와 연결된 목표 성취 행동이 자동적으로 활성화될 수 있다.

목표가 무의식적으로도 활성화될 수 있다는 것을 보여 준 최초의 연구는 타니아 차트랜드(Tonya Chartrand)와 존 바지(John Bargh)의 연구다(Chartrand & Bargh, 1996). 이들은 목표에 따라 정보처리가 어떻게 달라지는지에 대한 기존의 유명 연구(Hamilton, Katz, & Leirer, 1980)를 따라 했다. 기존 연구와는 단 한 가지 차이가 있었는데, 그것은 바로 정보처리의 목표를 무의식적으로 활성화했다는 것이다. 즉, 기존의 연구가 의식적인 수준에서 정보처리의 목표를 참여자들에게 제시했다면, 차트랜드와 바지는 목표를 점화하였다.

차트랜드와 바지가 재검증했던 것은 데이비드 해밀턴(David Hamilton) 등의 연구였다(Hamilton, Katz, & Leirer, 1980). 이들은 정보처리의 목표가 인상을 형성하는 데 있느냐 또는 주어진 정보를 가능한 한 많이 기억하는 데 있느냐에 따라 대인 지각을 위한 정보처리 방식이 달라진다는 것을 보여 주었다. 이들의 연구 결과는 우리의 직관과는 반대로 나타났다. 즉, 사람들은 인상을 형성하려는 목표를 설정했을 때는 기억하려는 목표를 설정했을 때보다 타인에 대한 정보를 더 많이 기억하는 것으로 나타났다. 또한 인상 형성 목표를 설정했을 때는 정보를 전체적으로 더 잘 조직화한다. 그 결과 상대에 대해 고정관념에 기초한 판단을 할 가능성도 줄어든 것으로 나타났다.

해밀턴 등의 연구자들은 이러한 결과가 정보처리의 목표에 따라 정보처리 방식이 달라지기 때문에 나타난 것이라고 주장한다. 사람들이 인상 형성 목표를 설정했을 때는 제시되는 정보가 실시간으로 평가에 반영된다고 가정한다. 즉, 개별 정보가 바로바로 평가에 반영되면서 전반적인 인상을 형성하는 온라인 처리 과정(on-line based process)을 거친다고 주장한다. 그 결과, 제시된 거의 모든 정보가 평가에 반영되어서 고정관념에 기초한 판단이 줄어든다는 것이다. 하지만 기억 목표를 설정했을 때는 주어지는 정보를 하나씩 기억했다가 나중에 인상 판단을 해야 할 시점이 되면 이를 다시 꺼내 판단하는 기억 처리 과정(memory based processe)으로 정보를 처리한다고 주장한다. 이 경우에는 고정관념과 일치하는 정보가 더 잘 기억되고, 평가에 더 큰 영향을 미칠 가능성이 커진다는 것이다. 그 결과, 정확히 기억하려고 했지만 상대에 대해 고정관념에 기초한 판단을 내리게 되는 아이러니가 발생할 수 있다.

해밀턴 등의 연구에서는 인상 형성 목표를 활성화하기 위해서 "앞으로 주어지는 정보를 토대로 전체적인 인상을 형성하기 위해서 노력해 주세요."라는 직접적인 지시를 사용했다. 반면, 기억 목표를 활성화하기 위해서 "앞으로 주어지는 정보를 가능한 한 많이 기억하기 위해서 노력해 주세요."라는 명시적인 지시를 내렸다.

차트랜드와 바지의 연구에서는 인상 목표와 기억 목표를 활성화하기 위해서 이전의 연구들처럼 명시적이고 구체적인 지시를 하지 않고, 인상 관련 단어와 기억 관련 단어를 이용한 문장 구성 과제를 실시하였다. 즉, 한 조건에서는 인상 형성과 관련된 단어(예: 인상, 전체적인)를 이용해서 문장 구성 과제를 실시하고 다른 조건에서는 기억과 관련된 단어(예: 기억, 암기)를 이용해서 문장 구성 과제를 실시하였다. 즉, 실험 참여자들은 어떻게 노력하라는 명시적인 지시를 받은 것이 아니라, 단순히 인상이나 기억 관련 단어를 이용해서 문장을 구성하는 과제를 수행한 것이다.

실험 결과에 따르면, 차트랜드와 바지 연구의 실험 참여자들은 명시적으로 인상 형성 목표나 기억 목표를 제시받지 않았음에도 해밀턴 등의 참여자들과 같은 방식으로 정보를 처리한 것으로 나타났다. 즉, 문장 구성 과제를 이용해 인상 형성이나 기억 목표가 점화된 사람들도 인상 형성이나 기억 목표를 추구하도록 명시적인 요구를 받은 사람들과 같은 방식으로 정보를 처리했다. 이러한 결과는 특정 목표와 관련된 단어를 노출함으로써 그 개념과 연합되어 있는 목표를 무의식적으로 활성화할 수 있다는 것을 보여 준다. 이 연구의 결과에 힘입어 이후의 많은 연구에서 차트랜드와 바지가 사용한 방식을 이용해서 목표를 무의식적으로 점화하기 시작했다.

무의식의 분석과 계산

목표 추구에 대한 모형 대부분은 몇 가지 기본 가정을 공유한다. 사람들은 가능한 결과나 목표를 설정하고, 결과를 얻는 데 필요한 자원이나 행동이 사용 가능한지 확인한 후에, 결과물의 가치에 대해 생각한다는 것이다(Austin & Vancouver, 1996). 즉, 결과물이 얼마나 보상적인 가치가 있고 바람직한지에 대해 평가한다. 사람들이 머릿속의 결과물을 목표로 설정하는지는 그것의 획득 가능성과 바람직성의 정도에 달려 있다(Custers & Aarts, 2010). 따라서 목표의 획득 가능성과 바람직성에 대한 분석은 매우 의식적인 정신 과정으로 보인다. 하지만 최근의 연구는 사람들이 점화된 목표의 보상 가치를 탐지하고, 이에 기초해서 목표의 획득 가능성을 높이는 행동을 무의식적으로 수행할 수 있다는 것을 보여 준다.

마티아스 페시글리온(Mathias Pessiglione) 등의 연구에서 참여자들은 손잡이를 꽉 잡으면 돈을 받을 수 있는 과제를 실시하였다(Pessiglione et al., 2007). 손잡이를 꽉 쥐기 전에 획득할 수 있는 돈은 화면에 1파운드(Pound) 또는 1페니(Penny) 동전으로 제시되었다. 한 조건에서는 화면에 제시되는 동전을 볼 수 있었지만, 다른 조건에서는 동전을 식역하로 제시했다. 실험 결과에 따르면, 참여자들은 동전의 액수를 화면을 통해서 의식적으로 볼 수 있었던 조건에서 1파운드 동전을 봤을 때 1페니 동전을 봤을 때보다 손잡이를 더 꽉 움켜쥐었다. 그런데 이러한 경향은 동전이 식역하로 제시되었을 때도 동일하게 나타났다. 즉, 보상 금액을 의식적으로 자각하든 하지 못하든 간에 높은 보상이 주어지는 시행일 때는 낮은 보상이 주어지는 시행일 때보다 강하게 손잡이에 악력을 가했다.

우리가 돈을 더 많이 받을 수 있을 때 더 열심히 일하듯이 우리의 무의식도 돈을 더 많이 받을 수 있을 때 더 힘을 발휘하도록 유도한 것이다. 우리가 의식적으로 자각하지 못하는 동안에도 무의식은 마치 어떻게 행동하는 것이 자신에게 이득이 되는지 알고 계산하는 것처럼 행동을 유도하였다. 더 흥미로운 것은 이러한 효과가 보상을 처리하고 행동을 위해 노력하도록 만드는 역할을 하는 뇌 부위의 활성화를 동반한다는 사실이다. 이러한 결과는 보상과 연합된 자극은 무의식적으로도 사람이 목표 추구 행동을 하도록 동기화할 수 있고, 이는 무의식적으로 보상의 크기에 대한 분석이 이루어지기 때문일 수 있음을 암시한다.

루드 커스터스(Ruud Custers)와 헨크 아르츠(Henk Aarts)의 연구에서는 실험 참여자들에게 컴퓨터 마우스를 다루는 능력을 검사할 것이라고 알려 주었다(Custers & Aarts, 2005). 이 검사를 시작하기 전에 한 조건에서는 컴퓨터 화면을 통해 식역하로 사교 목표와 관련 있는 단어에 노출시킨 반면 다른 조건에서는 중립적인 단어가 제시되었다. 마우스 능력 검사를 시작할 때 참여자들에게는 만약 그들이 검사가 끝난 후에 시간이 많이 남으면, 인기가 좋은 파티에 갈 수 있는 티켓의 추첨 자격이 제공된다고 말해 주었다. 따라서 이 실험 조건에서 마우스 능력 검사를 열심히 그리고 빨리 수행하는 것은 사교 파티에 가기 위한 목표를 달성하는 데 필수적인 수단이다. 즉, 열심히 마우스 능력 검사에 임하는 것은 목표 달성을 위한 도구적인 행위다.

실험 결과에 따르면, 사교 목표가 점화되었을 때 참여자들은 마우스 능력 검사를 더 열심히 수행했고, 이러한 효과는 참여자들에게 사교 행동이 긍정적인 보상 가치를 유발했을 때 더 강하게 나타났다. 이러한 결과는 식역하로 제시된 단어가 목표를 점화하였고, 그 결과 유발된 무의식적 목표가 성취에 필요한 다양한 대안 중 가장 도구적이고 적합한 수단을 선택해서 수행하도록 했음을 보여 준다.

'사교 파티 참가'라는 목표를 달성하기 위해서 다른 수단(예: 표

구매)을 이용할 수도 있다. 하지만 참여자들(특히 사교 행동을 긍정적 보상으로 지각하고 있던 참여자들)의 무의식은 여러 대안 중에서 가장 목표와 가까운 것으로 지각한 마우스 능력 검사에 최선을 다하게 만들었다. 마치 사람들이 의식적으로 조금이라도 편하게 자신이 원하는 것을 획득하기 위해서 소위 머리를 굴리듯이, 무의식도 가장 쉬운 방식으로 목표에 다가갈 수 있는 방법을 선택한 것이다. 이러한 결과는 우리가 의식적으로 자각하지 못하는 사이에 목표가 점화되고, 목표는 다시 목표 획득에 가장 적합한 수단을 찾는 과정을 무의식적으로 수행한다는 것을 보여준다. 또한 목표에 부합하는 수단을 찾는 과정은, 수단이 제공해 줄 수 있는 보상에 대한 자동적이고 무의식적인 계산을 수반할 가능성이 있음을 암시한다.

헨크 아르츠 등의 연구에서는 식역하로 신체적 힘쓰기 목표를 점화하였다(Aarts, Custers, & Marien, 2008). 동시에 긍정적인 의미를 내포한 단어(예: 좋은, 멋진)를 이용해 긍정적인 보상 신호를 제시하거나 제시하지 않았다. 실험 참여자들의 과제는 손잡이를 꽉 쥐어서 악력을 가하는 것이었다.

이 실험 결과에 따르면, 식역하로 신체적 힘쓰기 목표가 점화된 참여자들이 더 빨리 손잡이를 움켜쥐는 것으로 나타났다. 그리고 긍정적인 보상 신호가 함께 활성화된 조건의 참여자들은 보상 신호를 제시받지 못한 통제조건의 참여자보다 손잡이를 더 강하게, 더 오랫동안 움켜쥐는 것으로 나타났다. 이러한 결과는 무의식적인 목표의 활성화가 목표 달성을 위한 수단적 행동을 하도록 만들고, 이후 이 수단적 행동을 얼마나 열심히 그리고 지속적으로 수행할 것인가는 목표와 연합되어 있는 보상가에 대한 무의식적인 분석을 통해서 결정될 수 있음을 보여 준다.

우리의 무의식은 끊임없이 분석하고 계산한다. 무엇이 자신에게 가장 유리한 선택이고 행동인지를 결정하기 위해서 말이다.

목마른 사람이 우물을 판다: 무의식적 욕구의 역할

무의식적으로 활성화된 개념이나 대상이 긍정적인 보상 신호를 보냄으로써 현재 우리가 가지고 있는 욕구나 목표를 추진하도록 동기화할 수도 있다. 켄트 베리지(Kent Berridge)와 피오트르 윈키엘만(Piotr Winkielman)의 연구에서는 실험 참여자에게 행복한 얼굴, 화난 얼굴 그리고 중립적 얼굴을 식역하로 제시하였다(Berridge & Winkielman, 2003). 그리고 난 다음에 과일 향이 나는 음료수를 제공하였다.

실험 참여자 중에는 실제로 목이 말랐던 사람들이 있었다. 이들은 실험 참여 조건으로 실험에 참여하기 몇 시간 전부터 물을 포함한 음료를 마시지 말도록 요구받아서 실제로 목이 말랐던 사람들이다. 즉, 이들은 물을 마시고자 하는 욕구가 있었다.

실험 결과에 따르면, 행복한 얼굴에 노출된 참여자가 중립적 얼굴에 노출된 참여자보다 음료수를 더 좋게 평가하였고, 실제로 더 많이 마셨다. 반면, 화난 얼굴에 노출되었던 사람들은 음료수를 가장 적게 마셨다. 흥미로운 것은 이러한 결과가 실제로 목이 말랐던 사람에게서만 발견되었다는 사실이다. 목이 마르지 않았던 사람은 긍정적인 보상 신호, 즉 식역하로 웃는 얼굴이 제시되고 난 후에도 음료수에 대한 평가나 음료수 섭취량이 달라지지 않았다. 이러한 결과는 현재 어떠한 욕구가 있는 경우에 점화된 보상 신호가 욕구 충족을 위해 필요한 도구적 행동을 유도할 수 있다는 것을 보여 준다.

에린 스트라한(Erin Strahan) 등의 연구에서는 목마름을 식역하 자극을 이용해 점화하였다(Strahan, Spencer, & Zanna, 2002). 그러고 난 후에 갈증 해소 음료와 에너지 충전 음료를 제시했다. 실험 결과에 따르면, 실제로 목이 말랐던 참여자들은 목마름이 점화됐을 때 갈증 해소 음료를 에너지 충전 음료보다 더 많이 마셨다. 하지만 목이 마르지 않았던 참여자들은 목마름 점화가 음료 소비에 영향을 미치지 않는 것으로 나타났다.

이러한 결과는 목마름 점화가 목마름을 해소해 줄 적합한 수단을 선택하도록 유도한다는 것을 보여 준다. 단, 점화가 목표에 적합한 수단을 찾도록 동기화하는 힘은 실제로 목이 말랐던 사

람들에게만 발휘된 것이다. 즉, 목마름을 해소하고자 하는 욕구
가 있는 사람에게만 목마름 점화가 자신의 욕구를 충족시켜 줄
제품을 소비하도록 만들었다.

무의식적 짝짓기 목표

진화적인 관점에서 보면, 짝을 찾아서 자신의 유전자를 가진
생명체를 탄생시키는 것은 그 어떠한 목표보다도 중요하다. 짝
짓기 목표는 사람들이 가지고 있는 다양한 목표 중에서도 가장
오랜 시간 동안 인간의 무의식에 굳건히 자리 잡은 목표일 가능
성이 크다. 많은 경우에 생명체의 절정에 해당하는 시기가 가장
매력적인 것으로 지각된다. 활짝 핀 꽃이나 신체 성장의 절정기
에 도달한 사람이나 동물은 가장 아름답고 건강한 모습으로 지
각되는 것이다. 진화심리학적 관점에 따르면, 절정의 시기에 생
명체가 가장 아름답고 건강해 보이는 이유는 이 시기가 생식을
성공적으로 수행할 수 있는 준비가 되었음을 외적으로 신호해
주기 때문이다.

줄리 황(Julie Huang)과 존 바지(John Bargh)는 진화심리학의 관
점을 토대로, 인간의 가장 기본적인 욕구인 짝짓기 목표(mating
goal)를 떠올리도록 했을 때, 사람들이 생물의 절정기에 민감하
게 반응하는지 알아보았다(Huang & Bargh, 2008). 이들은 짝짓기

목표가 점화됐을 때 타인에 대한 평가가 인생 단계(초기, 전기, 절정기, 쇠퇴기)에 따라 어떻게 달라지는지 확인하였다.

연구자들은 참가자들을 두 집단으로 나누고, 한 집단의 참여자들에게는 짝짓기 목표를 점화했다. 이를 위해 소설에서 묘사한 낭만적인 데이트 장면을 부분 발췌해 참여자들에게 읽도록 했다. 그리고 통제집단의 참여자들에게는 짝짓기 목표와 무관한 건축의 내부를 묘사한 글을 읽도록 했다. 그리고 난 후에 참여자들에게 아역 배우로 데뷔해서 노년기까지 활동한 여배우 '제인 위더스(Jane Withers)'의 아동기, 청소년기, 젊은 시절 그리고 노년기에 해당하는 사진을 보여 주었다. 마지막으로 참여자들은 어느 영화 제작자가 그녀에 대해 했던 평가("그녀는 연기를 통해 스크린에서 매우 반짝반짝 빛났다. 이는 그녀의 영화와 그녀의 외모에 관한 긍정적인 평가를 보면 알 수 있다.")를 보고, 제작자의 호의적인 평가가 각각의 시기에 어느 정도 어울리는 평인지를 판단하였다.

실험 결과에 따르면, 글을 읽는 동안 짝짓기 목표가 무의식적으로 활성화된 참여자들이 짝짓기 목표와 무관한 생각을 했던 참여자들보다 절정기(청소년기와 젊은 시절)를 벗어난 시기(아동기와 노년기)의 제인 위더스에 대해 평가 절하한 것으로 나타났다. 짝짓기 목표가 비절정기의 인물에 대한 매력도를 낮춘 것이다.

짝짓기 목표가 인간이 아닌 다른 생명체에 대한 평가에도 영향을 미치는지 알아보기 위해서 두 번째 연구에서는, 짝짓기 목표를 점화한 후에 참여자들에게 네 장의 바나나 사진을 보여 주었다. 첫 번째는 바나나 인생의 초기에 해당하는 것으로, 초록색 바나나 사진이었다. 두 번째는 노란색과 초록색이 섞여 있는 바나나 사진이었다. 세 번째 사진은 절정기에 해당하는 것으로 완전히 노란색 바나나 사진이었다. 마지막 사진은 쇠퇴기에 해당하는 것으로 얼룩덜룩한 갈색 반점들이 있는 바나나 사진이었다. 참여자들은 네 장의 사진을 모두 본 후에 각 사진 속 바나나가 얼마나 매력적인지에 대해 평가하였다.

결과에 따르면, 짝짓기 목표가 점화된 사람들은 통제조건의 참여자들보다 절정기의 바나나 사진이 비절정기(초기, 전기, 쇠퇴기)의 바나나 사진보다 훨씬 더 매력적이라고 평가했다. 이러한 결과는 짝짓기 목표가 절정 시기에 이른 살아 있는 생물도 매력적으로 지각하도록 만든다는 것을 보여 준다.

짝짓기 목표의 점화가 자동차와 같은 비생명체에 대한 평가에도 영향을 미칠 수 있을까? 세 번째 실험에서는 짝짓기 목표를 점화한 다음에 참여자들에게 생물 또는 무생물의 인생 단계를 보여 주는 네 장의 사진을 제시하였다. 먼저 생물로는 '꽃'을 보여 주었다. 닫혀 있는 꽃봉오리(초기), 반쯤 열린 꽃잎(전기), 활짝 핀 꽃(절정), 시든 꽃(쇠퇴)이 인쇄된 네 장의 사진을 보고 각 사진 속 꽃에 대해 평가하도록 하였다. 그리고 무생물로는 '자동차'

를 보여 주었다. 기본적인 자동차 틀을 갖춘 모습(초기), 거의 다 만들어진 자동차 모습(전기), 완전히 만들어진 자동차 모습(절정), 퇴색된 자동차 모습(쇠퇴)이 인쇄된 네 장의 사진을 주고 각 사진에 대해 평가하도록 하였다.

실험 결과에 따르면, 짝짓기 목표가 점화된 참여자들은 통제조건의 참여자들보다 꽃의 매력도를 초기, 전기 그리고 쇠퇴기보다 절정기를 가장 높게 평가했다. 하지만 비생명체인 자동차에 대한 매력도는 이와는 정반대로 나타났다. 즉, 짝짓기 목표조건의 참여자들은 통제조건보다 비절정기(초기, 전기, 쇠퇴기)의 자동차 매력도는 높게 지각했지만, 절정기의 자동차에 대한 매력도는 낮게 지각하였다.

이러한 결과는 짝짓기 목표 점화가 절정기 대상에 대한 선호를 증가시키는 현상은 짝짓기 목표와 관련성이 있는 생명체에 대한 지각에서만 나타난다는 것을 보여 준다. 즉, 짝짓기 목표가 점화됐을 때 절정에 이른 대상을 가장 매력적으로 느끼지만, 절정에 이르지 못했거나 절정을 지나친 대상의 가치를 낮게 평가하는 효과는 생명체인 꽃의 매력도 평가에서는 나타났지만 무생물인 자동차에 대한 평가에서는 나타나지 않은 것이다.

끈기와 유연성: 무의식적 성취 목표

목표를 성취하는 데 가장 필요한 덕목 중 하나는 끈기다. 조금 노력해 보다가 안 되면 바로 그만두는 사람보다는 될 때까지 끈기 있게 노력하는 사람이 목표를 성취할 가능성이 크다. 목표를 획득하는 데 필요한 또 다른 덕목은 사고의 유연성이다. 하나의 방법이나 수단에 집착하지 않고 상황에 따라서 유연하게 대처할 수 있는 능력이 목표 성취에 도움이 되는 것이다.

존 바지 등은 미국 대학생을 대상으로 성취 목표 점화가 끈기와 생각의 유연성에 영향을 미칠 수 있는지 알아보고자 하였다 (Bargh, Gollwitzer, Lee-Chai, Barndollar, & Trötschel, 2001). 이들은 학생들에게 겉으로는 관련이 없는 두 개의 언어 퍼즐을 풀도록 했다. 성취 목표 점화 조건의 참여자들이 푼 첫 번째 퍼즐은 성취(예: 이기다, 성취하다)와 관련된 단어가 포함된 것이었고, 통제조건의 참여자들이 푼 퍼즐은 중립적인 단어로 구성되었다.

실험 결과에 따르면, 성취 목표가 점화된 학생들이 통제조건의 학생들보다 두 번째 퍼즐을 더 잘 푸는 것으로 나타났다. 성취 목표 점화는 퍼즐을 더 끈기 있게 풀도록 했고, 인지적인 처리 과정의 유연성을 측정하는 위스콘신 카드 분류 과제에서 유연성을 향상시킨 것으로 나타났다. 하지만 학생들은 첫 번째 과제(성취 관련 단어에 노출되었던 것)가 자신의 두 번째 과제에서의 반응에 영향을 미쳤다는 사실을 사각하지 못하였다.

이러한 성취 관련 단어를 이용한 성취 목표의 무의식적인 활성화는 식역하 자극을 이용한 연구에서도 동일한 결과를 낳았다 (Hart & Albarracin, 2009). 즉, 성취 관련 단어가 식역하로 제시되었기 때문에 단어가 제시되었다는 사실 자체를 알지 못한 경우에도 성취 관련 단어에 노출되었을 때 사람들은 성취 목표에 따라 행동하는 것으로 나타났다.

목표체계이론: 목표와 수단의 무의식적 구조

기존의 무의식에 관한 연구 패러다임은 무의식이 판단이나 행동에 미치는 효과를 탐지해 내는 데 주목한 나머지 의식적 목표의 영향을 연구에 거의 반영하지 못했다는 문제가 있다. 그 결과 다수의 무의식에 관한 기존의 연구가 인간은 무의식의 영향을 수동적으로 받아들이는 존재에 불과하다는 인상을 받게 만든다. 하지만 인간은 무의식의 영향 아래에 있으면서도, 동시에 의식적으로 다양한 목표를 추구하는 존재라는 것을 부정하기 힘들다. 인간의 행동은 기본적으로 의식적으로 추구하는 목표와 무의식적 목표의 상호 영향에 의해 결정된다. 따라서 무의식에 관한 연구 패러다임에도 판단자로서의 인간이 의식적으로 추구하는 목표에 대한 기본 전제가 포함되어야 한다. 하지만 기존의 의식의 영향과 무의식의 영향에 관한 연구는 서로의 영향을 배제한 채로 이루어져 왔다.

아리에 크루글란스키(Arie Kruglanski) 등의 연구자들이 제시한 목표체계이론(Goal Systems Theory)은 의식적인 목표를 추구하는 사람들의 선택이 무의식적인 목표에 의해 어떻게 영향을 받을 수 있는지에 대한 접근을 시도하고 있다(Kruglanski, Shah, Fishbach, Friedman, Chun, & Keppler, 2002). 기존의 목표이론이 목표를 동기적인 상태로 간주하는 반면, 목표체계이론은 목표와 수단 간의 관계를 인지적으로 상호 연계된 지식구조로 간주한다. 즉, 목표와 수단이 위계적인 인지적 연결망으로 구성되어 있다고 보는 것이다. 최상위 목표는 하위 목표와 연결되어 있고, 하위 목표들은 이들의 성취 수단과 연결되어 있다. 각각의 목표는 위계적으로 동등한 수준의 다른 경쟁 목표나 상호 보완적 목표와도 연결되어 있다고 가정한다.

다중종국성

상호 연결된 연결망으로서의 목표체계 특징 중 하나가 다중종국성(multifinality)인데, 이는 둘 이상의 목표가 하나의 수단과 연결되어 있는 구조를 의미한다. 이러한 인지구조는 하나의 수단을 선택함으로써 심리적으로 여러 개의 목표를 성취하는 것을 가능하게 한다. 예를 들어, 경차를 선택함으로써 저렴한 가격의 차량을 사겠다는 목표를 성취함과 동시에 에너지 절약과 환경보호라는 또 다른 목표를 성취할 수 있다.

목표와 수단 간의 다중종국적 구조에서 일어날 수 있는 한 가지 흥미로운 가능성은 선택자가 다중종국적 수단을 선택함으로써 동시에 무의식적 목표와 의식적 목표를 모두 성취할 수 있다는 것이다. 가령, 어떠한 소비자가 에너지 절약과 환경보호에 도움이 되는 차량을 구매하겠다는 의식적 목표 때문에 경차를 선택했는데, 다양한 색상의 자동차 중에서 빨간색 경차를 선택한 것은, 본인은 의식 못하지만 며칠 전 텔레비전에서 본 대한민국 축구 대표팀의 승리 때문일 수도 있다는 것이다. 즉, 여러 선택 대안 중에 빨간색 경차를 구매한 것은 그것을 선택함으로써 에너지 절약과 환경보호라는 의식적 목표와 함께 자신의 국가와 동일시하고자 하는 무의식적 목표를 동시에 성취할 수 있었기 때문이다.

다중종국적 구조에서는 하나의 수단이 다수의 목표와 연결 고리를 맺고 있어서, 특정한 수단을 선택하는 이유가 실제로는 무의식적인 목표를 성취하고자 하는 동기 때문이었음에도, 선택자 본인은 자신이 자각하고 있는 의식적인 목표 때문에 그러한 결정을 내렸다고 잘못 판단할 가능성이 있다.

초점 목표와 배경 목표

목표체계이론에서는 초점 목표(focal goal)와 배경 목표(background goal)를 구분한다. 초점 목표는 의식적으로 추구하는, 즉 우리의 의식이 초점을 맞추고 있는 목표를 말한다. 그리고 배경 목표는 우리가 의식적으로 자각하지 못하는 무의식적 목표를 의미한다. 목표와 수단 간의 다중종국적 구조에서 일어날 수 있는 한 가지 가능성은 소비자가 다중종국적 제품 또는 서비스를 선택함으로써 동시에 초점 목표와 배경 목표를 모두 성취할 수 있다는 것이다. 따라서 다중종국성을 성취하기 위한 선택이 어떠한 경우에는 우리의 무의식적인 목표에 의해 영향을 받을 수도 있다.

이러한 가능성을 검증하기 위해서 전우영 등의 연구자는 한 대학에서 일어난 두 사건을 이용해서 실험 참여자들의 배경 목표를 조작하였다(Chun, Kruglanski, Keppler, & Friedman, 2011). 두 사건 중 하나는 긍정적이었고, 다른 하나는 부정적이었다. 긍정적인 사건은 메릴랜드 대학교 농구팀이 학교 역사상 최초로 NCAA(National Collegiate Athletic Association: 전미대학체육협회) 토너먼트 4강에 진출했다는 것이었다. 그리고 부정적인 사건은 준결승에서 듀크 대학교에 패하고 난 후에 학생들이 학교 기물을 부수고 방화하는 사건이 일어났다는 것이다.

이 실험에서 참여자들은 두 연구에 참여하게 되었는데, 하나는 짧은 설문지에 응답하는 것이었고, 다른 하나는 소비자 판단에 관한 연구에 참여하는 것이었다. 4강 조건의 참여자들에게는 메릴랜드 대학교 농구팀의 NCAA 4강 진출과 관련된 항목으로 구성된 설문지를 나누어 주었다. 반면, 난동 조건의 참여자에게는 학생들의 방화 및 난동과 관련된 항목들로 구성된 설문이 주어졌다. 조작 검증 결과에 따르면, 4강 조건의 참여자들이 난동 조건의 참여자들보다 자신의 대학교에 대한 자부심을 더 강하게 느끼고 있는 것으로 나타났다.

4강 진출 설문에 응답하는 과정에서 참여자들은 자신의 대학과 동일시하려는 욕구가 무의식적으로 활성화될 것이라고 가정하였다. 반면 난동에 대한 설문에 응답하는 과정에서는 자신과 대학을 심리적으로 분리하려는 비동일시 욕구가 무의식적으로 활성화될 것이라고 가정하였다.

설문에 응답한 후, 두 번째 연구에서 참여자들은 두 개의 천 조각 중에서 더 질긴 것을 찾아내는 과제를 수행하였다. 즉, 참여자들의 초점 목표는 질긴 천을 찾는 것이었다. 천 조각들은 색깔만 다르고 동일한 재료로 만들어졌지만, 참여자들에게는 다른 두 회사에서 다른 재료로 만든 것인데, 어떠한 요인이 질긴 감촉에 영향을 미치는지 알아보기 위한 연구라고 소개하였다. 빨강은 메릴랜드 대학교의 상징색이고, 보라는 통제조건의 색으로 선택되었다.

이 실험에서는 어떠한 천 조각을 선택하든지 초점 목표를 성취할 수 있어서 천 조각에 대한 선택은 참여자들의 배경 목표에 따라 달라질 것이라고 예상하였다. 따라서 4강 진출 조건에서는 빨간색 천 조각을 선택함으로써 질긴 천 조각을 찾는 초점 목표를 성취할 수 있고, 동시에 자신의 학교와 동일시하고자 하는 배경 목표도 성취할 수 있을 것이라고 예상하였다. 하지만 난동 조건에서는 통제조건의 색인 보라색 천을 선택함으로써 초점 목표와 자신의 학교와 비동일시하려는 배경 목표를 성취하려 할 것이라고 예상하였다.

실험 결과는 예상과 일치하였다. 4강 조건에서는 참여자 대부분이 빨간색 천을 더 질긴 것으로 선택했지만, 난동 조건에서는 이러한 경향이 역전되어 나타났다. 이러한 결과는 설문에 응답하는 과정에서 점화된 자신이 소속된 대학교에 대한 동일시 또는 비동일시 목표가 의식적인 목표를 추구하는 사람들의 선택에 영향을 미칠 수 있다는 것을 보여 준다.

실험이 끝난 후에 참여자들에게 각각의 천 조각을 선택한 이유에 관해서 기술하게 하였다. 하지만 아무도 자신의 선택이 설문지에 대한 응답에 의해서 영향을 받았다는 사실을 의식하지 못하는 것으로 나타났다.

코카콜라가 펩시콜라보다 맛있을 때:
무의식적 소비자 행동

전우영 등은 무의식적인 목표가 콜라의 맛 지각에도 영향을 미칠 수 있다는 것을 보고하였다(Chun, Kruglanski, Keppler, & Friedman, 2011). 이 실험에서는 참여자들의 배경 목표를 조작하기 위해서 9·11 테러의 두 가지 사건을 이용하였다. 그중 하나는 긍정적인 사건이었고, 다른 하나는 부정적인 사건이었다. 긍정적인 사건은 9·11 테러 이후에 다수의 미국인이 피해자들을 돕기 위해서 참사 현장으로 모여들었다는 것이다. 그리고 부정적인 사건은 미국인이 탄저균 편지 사건의 범인일 것이라는 보도였다.

9·11 테러가 발생한 직후에 미국 시민들이 피해자들을 돕기 위해 그라운드 제로(Ground Zero)라고 불리는 참사 현장으로 달려가 피해자들을 돌보고 헌혈을 하는 모습은 미국인으로서의 자부심을 느끼게 한 사건이었다. 반면, 미국이 외부의 적으로부터 공격받는 상황에서 미국인이 미국인을 대상으로 탄저균이 든 편지를 보내는 테러를 범했다는 사실은 미국인으로서의 자존심에 상처를 내기에 충분했다.

이 연구에서 참여자들은 두 개의 연구에 참여하였다. 하나는 자원봉사나 탄저균 사건에 대한 보도를 접했을 때 들었던 느낌에 대해 짧은 글을 작성하는 것이었다. 글의 내용을 분석한 결과에 따르면, 자원봉사 조건의 참여자들이 탄저균 조건의 참여자들보다 미국과 동일시하려는 욕구가 더 강한 것으로 나타났다.

두 번째 연구에서 참여자들은 심리학과와 경영학과가 공동연구 중이라고 알려 준 콜라의 맛에 관한 연구에 참여했다. 참여자에게는 이 실험이 새로운 콜라를 개발하기 위한 연구의 하나로 수행 중이며, 콜라의 맛을 결정하는 요인을 파악하기 위한 실험이라고 알려 주었다. 그들의 과제는 펩시콜라, 코카콜라 그리고 메릴랜드의 지역 브랜드인 샤퍼스콜라를 맛보고 가장 맛이 좋은 콜라를 선택하는 것이었다.

이 실험을 위한 예비 연구에서는 대부분의 미국인 참여자가 코카콜라를 미국의 가장 대표적이고 전형적인 탄산음료로 지각하고 있다는 것이 밝혀졌다. 따라서 미국인이 자신의 국가와 동일시하려는 배경 목표가 점화되면 코카콜라를 선택할 가능성이 클 것이라고 예상할 수 있다.

이 실험에서 콜라병은 코카콜라, 펩시콜라, 샤퍼스콜라였지만, 내용물은 샤퍼스콜라와 물을 섞어서 만든 것이었다. 두 개의 맛 조건이 있었는데, 샤퍼스 우수 조건과 샤퍼스 열등 조건이 그것이다. 샤퍼스 우수 조건의 콜라는 물을 섞지 않은 순수한 콜라였다. 반면, 샤퍼스 열등 조건의 콜라는 물과 샤퍼스콜라를 4대 1의 비율로 섞은 것이었다. 그리고 두 조건 모두에서 코카콜라와 펩시콜라 병에 든 콜라는 샤퍼스콜라와 물을 일대일 비율로 섞은 것이었다. 따라서 샤퍼스 우수 조건에서는 샤퍼스콜라가 코카콜라나 펩시콜라보다 맛이 더 좋았지만, 샤퍼스 열등 조건에서는 코카콜라나 펩시콜라가 샤퍼스콜라보다 맛이 더 좋았다.

이 실험에서 샤퍼스 우수 조건의 참여자들은 그들의 초점 목표를 샤퍼스콜라를 선택했을 때만 성취할 수 있었다. 따라서 이 조건에서는 배경 목표와는 무관하게 참여자들이 샤퍼스콜라를 가장 맛이 좋은 콜라로 선택할 것이라고 예상할 수 있다.

샤퍼스 열등 조건에서는 초점 목표를 코카콜라나 펩시콜라 중 하나를 선택하면 성취할 수 있었다. 하지만 이 조건에서 배경 목표는 코카콜라나 펩시콜라 중 하나만 만족시킬 수 있었다. 자원봉사 조건에서는 미국을 대표하는 코카콜라를 선택함으로써 가장 맛이 좋은 콜라를 선택하고자 하는 초점 목표를 성취할 수 있다. 동시에 자신의 국가와 동일시하고자 하는 배경 목표도 성취할 수 있을 것이다. 하지만 탄저균 조건에서는 코카콜라를 선택하지 않음으로써, 즉 펩시콜라를 선택함으로써 초점 목표를 성취할 수 있고, 동시에 자신의 국가와 비동일시하고자 하는 배경 목표도 성취할 수 있다고 예상할 수 있다.

실험 결과에 따르면, 샤퍼스 우수 조건에서는 참여자들의 배경 목표와는 무관하게 참여자 대부분이 샤퍼스콜라를 가장 맛이 좋은 것으로 선택하였다. 하지만 샤퍼스 열등 조건에서 참여자들의 선택은 그들의 배경 목표에 의해서 결정되었다. 예상했던 것처럼 자원봉사 조건에서는 참여자 대부분이 코카콜라를 선택했고, 탄저균 조건에서는 많은 참여자가 펩시콜라를 선택하였다.

실험 후에 참여자들이 자신의 선택 이유에 대해 보고한 내용을 보면, 모든 이유가 콜라의 맛과 관련되어 있었다. 모든 참여자는 콜라의 맛이 더 톡 쏘거나, 맛있었기 때문에 선택했다고 생각하였다. 자신의 선택이 9·11 테러에 대한 글을 쓰는 과정에서 점화된 미국과의 동일시나 비동일시 목표에 의해 영향을 받았다고 생각한 사람은 아무도 없었다. 참여자들은 자신의 선택이 배경 목표에 의해서가 아니라 콜라 자체의 맛에 의해 결정되었다고 믿고 있었다.

이러한 연구 결과는 사람들이 하나의 성취 수단을 선택함으로써 여러 목표를 성취하려 한다는 것을 보여 준다. 그리고 이러한 선택은 소비자들이 다중종국적인 속성에 대해 의식적으로 자각하지 못한 상태에서 일어날 수 있음을 보여 준다(Chun & Kruglanski, 2005).

에필로그

개인, 사회, 그리고 점화

무엇이 주로 점화되느냐에 따라 나는 악마가 될 수도 있고, 천사가 될 수도 있다. 무엇이 내 마음을 점령하느냐에 따라 나의 미래가 달라지는 것이다. 한 사회의 미래도 마찬가지다. 무엇이 주로 구성원의 마음속에서 점화되느냐에 따라 고립된 개인들이 서로를 불신하면서 사는 사회가 될 수도 있고, 믿음 속에서 다양한 인간관계가 주는 행복을 경험할 수 있는 사회가 될 수도 있다. 무엇이 주로 점화되느냐에 따라 개인뿐만 아니라 우리 사회의 미래도 달라지는 것이다.

참고문헌

박경란, 이영숙 (2001). 대학생이 갖고 있는 노인에 대한 고정관념 분석. 한국
  노년학, 21(2), 71-83.

전우영, 김남희 (2011). 장동건 대 김태희: 범주와 사례점화가 소비자 판단에
  미치는 영향. 한국심리학회지: 소비자, 광고, 12, 55-69.

전우영, 전혜민 (2009). 노인에 대한 고정관념의 활성화가 강간 사건 가해자
  와 피해자에 대한 판단에 미치는 영향. 2009 한국사회 및 성격심리학회
  동계학술대회 논문집, 29-33.

Aarts, H., & Dijksterhuis, A. (2002). Category activation effects in judgment
  and behaviour. The moderating role of perceived comparability.
  British Journal of Social Psychology, 41, 123-138.

Aarts, H., Custers, R., & Marien, H. (2008). Preparing and motivating
  behavior outside awareness. Science, 319, 1639.

Anderson, J. R. (1983). The architecture of cognition. Cambridge, MA:
  Harvard University Press.

Ashton-James, C. E., & Chartrand, T. L. (2009). Social cues for creativity:
  The impact of behavioral mimicry on convergent and divergent
  thinking. Journal of Experimental Social Psychology, 45, 1036-1040.

Austin, J. T., & Vancouver, J. B. (1996). Goal constructs in psychology:
  Structure, process, and content. Psychological Bulletin, 120, 338-
  375.

Bahar, M., & Hansell, M. H. (2000). The relationship between some psychological. Factors and their effect on the performance of grid questions and word association tests. *Educational Psychology, 20,* 349 -364.

Bailenson, J. N., & Yee, N. (2005). Digital chameleons: Automatic assimilation of nonverbal gestures in immersive virtual environments. *Psychological Science, 16,* 814–819.

Banfield, J. F., Pendry, L. F., Mewse, A. J., & Edwards, M. G. (2003). The effects of an elderly stereotype prime on reaching and grasping actions. *Social Cognition, 21,* 299–319.

Bargh, J. A. (1997). The automaticity of everyday life. In R. S. Wyer (Ed.), *The automaticity of everyday life: Advances in social cognition* (Vol. 10, pp. 1–61). Mahwah, NJ: Erlbaum.

Bargh, J. A. (2002). Losing consciousness: Automatic influences on consumer judgment, behavior, and motivation. *Journal of Consumer Research, 29,* 280–285.

Bargh, J. A. (2005). Bypassing the will: Towards demystifying the nonconscious control of social behavior. In R. R. Hassin, J. S. Ulceman, & J. A. Bargh (Eds.), *The new unconscious* (pp. 37–60). New York: Oxford University Press.

Bargh, J. A., & Chartrand, T. L. (2000). The mind in the middle: A practical guide to priming and automaticity research. In H. T. Reis and C. M. Judd (Eds.), *Handbook of research methods in social and personality psychology.* New York: Cambridge University Press.

Bargh, J. A., & Pietromonaco, P. (1982). Automatic information processing and social perception: The influence of trait information presented outside of conscious awareness on impression formation. *Journal of Personality and Social Psychology, 43*, 437-449.

Bargh, J. A., Chen, M., & Burrows L. (1996). Automaticity of social behavior: Direct effects of trait construct and stereotype activation on action. *Journal of Personality and Social Psychology, 71*, 230-244.

Bargh, J. A., Gollwitzer, P. M., lee-Chai, A. Y., Barndollar, K., & Trötschel, R. (2001). Bypassing the will: Automatic and controlled self-regulation. *Journal of Personality and Social Psychology, 81*, 1014-1027.

Bernieri, F. J. (1988). Coordinated movement and rapport in teacher-student interactions. *Journal of Nonverbal Behavior, 12*(2), 120-138.

Berridge, K. C., & Winkielman, P. (2003). What is an unconscious emotion: The case for unconscious 'liking'. *Cognition and Emotion, 17*, 181-211.

Brophy, D. R. (1998). Understanding, measuring and enhancing individual creative problem-solving efforts. *Creativity Research Journal, 11*, 123-151.

Carver, C. S., Ganellen, R. J., Froming, W. J., & Chambers, W. (1983). Modeling: An analysis in terms of category accessibility. *Journal of Experimental Social Psychology, 19*, 403-421.

Chartrand, T. L., & Bargh, J. A. (1996). Automatic activation of impression formation and memorization goals: Nonconscious goal priming reproduces effects of explicit task instructions. *Journal of Personality and Social Psychology, 71*, 464-478.

Chartrand, T. L., & Bargh, J. A. (1999). The chameleon effect: The perception-behavior link and social interaction. *Journal of Personality and Social Psychology, 76*, 893–910.

Chartrand, T. L., Maddux, W. W., & Lakin, J. L. (2005). Beyond the perception-behavior link: The ubiquitous utility and motivational moderators of nonconscious mimicry. In R. R. Hassin, J. S. Uleman, & J. A. Bargh (Eds.), *The new unconscious* (pp. 334–361). New York: Oxford University Press.

Chun, W. Y., & Kruglanski, A. W. (2005). Consumption as a multiple-goal pursuit without awareness. In F. R. Kardes, P. M. Herr, & J. Nantel (Eds.), *Applying social cognition to consumer-focused strategy* (pp. 201–217). Mahwah, NJ: Lawrence Erlbaum Associates.

Chun, W. Y., Kruglanski, A. W., Keppler, D. S., & Friedman, R. S. (2011). Multifinality in implicit choice. *Journal of Personality and Social Psychology, 101*, 1124–1137.

Custers, R., & Aarts, H. (2005). Positive affect as implicit motivator: On the nonconscious operation of behavioral goals. *Journal of Personality and Social Psychology, 89*, 129–142.

Custers, R., & Aarts, H. (2010). The unconscious will: how the pursuit of goals operates outside of conscious awareness. *Science, 329*, 47–50.

Devine, P. G. (1989). Stereotypes and prejudice: Their automatic and controlled components. *Journal of Personality and Social Psychology, 56*, 5–18.

Dijksterhuis, A. (2004). Think different: The merit of unconscious though in preference development and decision making. *Journal of*

Personality and Social Psychology, 87, 586-598.

Dijksterhuis, A., & van Knippenberg, A. (1998). The relation between perception and behavior, or how to win a game of Trivial Pursuit. Journal of Personality and Social Psychology, 74, 865-877.

Dijksterhuis, A., & van Kinppenberg, A. (2000). Behavioral indecision: Effects of self-focus on automatic behavior. Social Cognition, 18(1), 55-74.

Dijksterhuis, A., Bargh, J. A., & Miedema, J. (2000). Of men and mackerels: Attention, subjective experience, and automatic social behavior. In H. Bless & J. P. Forgas (Eds.), The message within: The role of subjective experience in social cognition and behavior (pp. 37-51). Philadelphia: Psychological Press.

Dijksterhuis, A., Chartrand, T. L., & Aarts, H. (2007). Effects of priming and perception on social behavior and goal pursuit (pp. 51-131). In J. A. Bargh (Ed.), Social psychology and the unconscious: The automaticity of higher mental processes. Psychology Press.

Dijksterhuis, A., Spears, R., & Lepinasse, V. (2001). Reflecting and deflecting stereotypes: Assimilation and contrast in impression formation and automatic behavior. Journal of Experimental Social Psychology, 37, 286-299.

Dijksterhuis, A., Spears, R., Postmes, T., Stapel, D. A., Koomen, W., van Knippenberg, A., & Scheepers, D. (1998). Seeing one thing and doing another: Contrast effects in automatic behavior. Journal of Personality and Social Psychology, 75, 862-871.

Epley, N., & Gilovich, T. (1999). Just going along: Nonconscious priming and conformity to social pressure. *Journal of Personality and Social Psychology, 35,* 578–589.

Fazio, R. H., Sanbonmatsu, D. M., Powell, M. C., & Kardes, F. R. (1986). On the automatic activation of attitudes. *Journal of Personality and Social Psychology, 50,* 229–238.

Fiske, A. P., Kitayama, S., Markus, H. R., & Nisbett, R. E. (1998). The cultural matrix of social psychology. In D. Gilbert, S. Fiske, & G. Lindsay (Eds.), *The handbook of social psychology* (Vol. 2, 4th ed., pp. 915–981). NY: McGraw-Hill.

Förster, J., Friedman, R. S., Butterbach, E. B., & Sassenberg, K. (2005). Automatic effects of deviancy cues on creative cognition. *European Journal of Social Psychology, 35,* 345–359.

Freud, S. (1933). *New introductory lectures on psychoanalysis.* New York: Carlton House.

Frith, U., & Frith, C. (2001). The biological basis of social interaction. *Current Directions in Psychological Science. 10,* 151–155.

Galinsky, A. D., Magee, J. C., Gruenfeld, D. H., Whitson, J., & Liljenquist, K. A. (2008). Social power reduces the strength of the situation: Implications for creativity, conformity, and dissonance. *Journal of Personality and Social Psychology, 95,* 1450–1466.

Gallese, V., Fadiga, L., Fogassi, L., & Rizzolatti. G. (1996). Action recognition in the premotor cortex. *Brain, 119,* 593–609.

Haddock, G., Macrae, C. N., & Fleck, S. (2002). Syrian science and smart supermodels: On the when and how of perception-behavior effects. *Social Cognition, 20,* 461–481.

Hamilton, D. L., Katz, l. B., & Leirer, V. O. (1980). Cognitive representation of personality impression: Organizational processes in first impression formation. *Journal of Personality and Social Psychology, 39*, 1050–1063.

Hart, W., & Albarracín, D. (2009). The effects of chronic achievement motivation and achievement primes on the activation of achievement and fun goals. *Journal of Personality and Social Psychology, 97*, 1129–1141.

Herr, P. M. (1986). Consequences of priming: Judgment and behavior. *Journal of Personality and Social Psychology, 51*, 1106–1115.

Higgins, E. T., Rholes, W. S., & Jones, C. R. (1977). Category accessibility and impression formation. *Journal of Experimental Social Psychology, 13*, 141–154.

Huang, J. Y., & Bargh, J. A. (2008). Peak of desire: Activating the mating goal changes life-stage preferences across living kinds. *Psychological Science, 19*(6), 573–578.

Iacoboni, M., Molnar-Szakacs, I., Gallese, V., Buccino, G., Mazziotta, J. C., & Rizzolatti, G. (2005). Grasping intentions of others with one's own mirror neuron system. *PLoS Biology, 3*, 529–535.

Iacoboni, M., Woods, R. P., Brass, M., Bekkering, H., Mazziotta, J. C., & Rizzolatti, G. (1999). Cortical mechanisms of human imitation. *Science, 286*, 2526–2528.

Johnson, S. (2005). *A genius explains.* The Guardian.

Johnston, L. (2002). Behavior mimicry and stigmatization. *Social Cognition, 20*, 18–35.

Karremans, J. C., & Verwijmeren, T. (2008). Mimicking attractive opposite-sex others: The role of romantic relationship status. *Personality and Social Psychology Bulletin, 34*, 939-950.

Kawakami, K., Dovidio J. F., & Dijksterhuis, A. (2003). Effects of social category priming on personal attitudes. *Psychological Science, 14*, 315-319.

Kay, A. G., & Ross, L. (2003). The perceptual push: The interplay of implicit cues and explicit situational construals on behavioral intentions in the Prisoner's Dilemma. *Journal of Experimental Social Psychology, 39*, 634-643.

Kruglanski, A. W., Shah, J. Y., Fishbach, A., Friedman, R., Chun, W. Y., & Keppler, D. S. (2002). A theory of goal system. In M. P. Zanna (Ed.), *Advances in Experimental Social Psychology* (Vol. 34, pp. 331-376). New York: Academic Press.

Lakin, J. L., & Chartrand, T. L. (2003). Using nonconscious behavioral mimicry to create affiliation and rapport. *Psychological Science, 14*(4), 334-339.

Larey, T. S., & Paulus, P. B. (1999). Group preference and convergent tendencies in small groups: A content analysis of group brainstorming performance. *Creativity Research Journal, 12*, 175-184.

Lea, M., Spears, R., & de Groot, D. (2001). Knowing me, knowing you: Anonymity effects on social identity process within groups. *Personality and Social Psychology Bulletin, 27*, 526-537.

Macrae, C. N., & Johnston, L. (1998). Help, I need somebody: Automatic action and inaction. *Social Cognition, 16*, 400-417.

Macrae, C. N., & Milne, A. B., & Bodenhausen, G. V. (1994). Stereotypes as energy-saving devices: A peek inside the cognitive toolbox. *Journal of Personality and Social Psychology, 66*, 37–47.

Maddux, W. W., Mullen, E., & Galinsky, A. (2008). Chameleons bake bigger pies: Strategic behavioral mimicry facilitates integrative negotiations outcomes. *Journal of Experimental Social Psychology, 44*, 461–468.

Markus, H. R., & Kitayama, S. (1991). Culture and the self: Implications for cognition, emotion, and motivation. *Psychological Review, 98*, 224–253.

Meyer, D. E., & Schvaneveldt, R. W. (1971). Facilitation in recognizing pairs of world: Evidence of a dependence between retrieval operations. *Journal of Experimental Psychology, 90*, 227–234.

Meyer-Lindenberg, A. (2008). Trust me on this. *Science, 321*, 778–780.

Milgram, S. (1963). Behavioral study of obedience. *Journal of Abnormal and Social Psychology, 67*, 371–378.

Mitchell D. B. (2006). Nonconscious priming after 17 years: Invulnerable implicit memory? *Psychological Science, 17*, 925–929.

Mussweiler, T. (2003). Comparison processes in social judgment: Mechanisms and consequences. *Psychological Review, 110*(3), 472–489.

Mussweiler, T., & Damisch, L. (2008). Going back to Donald: How comparisons shape judgmental priming effects. *Journal of Personality and Social Psychology, 95*, 1295–1315.

Neely, J. H. (1977). Semantic priming and retrieval from lexical memory: Roles of inhibitionless spreading activation and limited-capacity attention. *Journal of Experimental Psychology: General, 106*, 226-254.

Nelson, L. D., & Norton, M. I. (2005). From student to superhero: Situational primes shape future helping. *Journal of Experimental Social Psychology, 41*, 423-430.

Nemeth, C. J., & Goncalo, J. A. (2005). Creative collaborations from afar: The benefits of independent authors. *Creativity Research Journal, 17*, 1-8.

Neumann, R., & Strack, F. (2000). "Mood contagion": The automatic transfer of mood between persons. *Journal of Personality and Social Psychology, 79*(2), 211-223.

Nørretranders, T. (1998). *The user illusion: Cutting consciousness down to size*. New York: Viking.

Oberman, L. M., & Ramachandran, V. S. (2007). The simulating social mind: The role of the mirror neuron system and simulation in the social and communicative deficits of autism spectrum disorders. *Psychological Bulletin, 133*, 310-327.

Packard, V. (1957). *The hidden persuaders*. New York: David McKay.

Pendry, L., & Carrick, R. (2001). Doing what the mob do: Priming effects on conformity. *European Journal of Social Psychology, 31*, 83-92.

Perra, O., Williams, J. H. G., Whiten, A., Fraser, L., Benzie, H., & Perrett, D. I. (2008). Imitation and 'theory of mind' competencies in discrimination of autism from other neurodevelopmental disorders. *Research in Autism Disorders, 2*, 435-468.

Pessiglione, M., Schmidt, L., Draganski, B., Kalisch, R., Lau, H., Dolan, R. J., & Frith, C. D. (2007). How the brain translates money into force:

A neuroimaging study of subliminal motivation. *Science, 316,* 904–906.

Rizzolatti, G., Fadiga, L., Gallese, V., & Fogassi, L. (1996). Premotor cortex and the recognition of motor actions. *Cognitive Brain Research, 3,* 131–141.

Schimidt, D. F., & Boland, S. M. (1986). Structure of perception of older adults: Evidence for multiple stereotypes. *Psychology and Aging, 1,* 255–260.

Schubert, T. W., & Häfner, M. (2003). Contrast from social stereotypes in automatic behavior. *Journal of Experimental Social Psychology, 39,* 577–584.

Senju, A., Maeda, M., Kikuchi., Y., Hasegawa, T., Tojo, Y., & Osanai, H. (2007). Absence of contagious yawning in children with autism spectrum disorder. *Biology Letters, 3,* 706–708.

Shariff, A. F., & Norenzayan, A. (2007). God is watching you: Priming God concepts increases prosocial behavior in an anonymous economic game. *Psychological Science, 18,* 803–809.

Shih, M., Ambady, N., Richeson, J. A., Fujita, K., & Gray, H. (2002). Stereotype performance boosts: The impact of self–relevance and the manner of stereotype–activation. *Journal of Personality and Social Psychology, 83,* 638–647.

Spears, R., Gordijn, E., Dijksterhuis, A., & Stapel, D. A. (2004). Reaction in action: Intergroup contrast in automatic behavior. *Personality and Social Psychology Bulletin, 30,* 605–616.

Srull, T. K., & Wyer, R. S. (1979). The role of category accessibility in the interpretation of information about persons. some determinants and implications. *Journal of Personality and Social Psychology, 37*, 1660–1672.

Srull, T. K., & Wyer, R. S. Jr. (1986). The role of chronic and temporary goals in social information processing. In R. M. Sorrentino & E. T. Higgins (Eds.), *Handbook of motivation and cognition: Foundations of a social behavior* (Vol. 1, pp. 503–549). New York: Guilford Press.

Stapel, D. A., & Koomen, W. (2001). I, we, and the effects of others on me: How self-construal level moderates social comparison effects. *Journal of Personality and Social Psychology, 80*(5), 766–781.

Strahan, E. J., Spencer, S. J., & Zanna, M. P. (2002). Subliminal priming and persuasion: Striking while the iron is hot. *Journal of Experimental Social Psychology, 38*, 556–568.

Tanner, R., Chartrand, T. L., & van Baaren, R. (2006). *Strategic mimicry in action: The effect of being mimicked by salesperson on consumer preference for brands*. Manuscript submitted for publication, Duke University.

van Baaren, R. B., Holland, R. W., Kawakami, K., & van Knippenberg, A. (2004). Mimicry and prosocial behavior. *Psychological Science, 15*, 71–74.

van Baaren, R. B., Holland, R. W., Steenaert, B., & van Knippenberg, A. (2003). Mimicry for money: Behavioral consequences of imitation. *Journal of Experimental Social Psychology, 39*, 393–398.

van Baaren, R. B., Maddux, W. W., Chartrand, T. L., de Bouter, C., &

van Knippenberg, A. (2003). It takes two to mimic: Behavioral consequences of self-construals. *Journal of Personality and Social Psychology, 84*(5), 1093-1102.

Wegner, D. M. (2002). *The illusion of conscious will*. Cambridge, MA: MIT Press.

Wheeler, S. C., Jarvis, W. B. G., & Petty, R. E. (2001). Think unto others: The self-destructive impact of negative racial stereotypes. *Journal of Experimental Social Psychology, 37*(2), 173-180.

Wilson, T. D. (2002). *Strangers to ourselves: Discovering the adaptive unconscious*. Cambridge, MA: Harvard University Press.

Yabar, Y., Johnston, L., Miles, L., & Peace, V. (2006). Implicit behavioural mimicry: Investigating the impact of group membership. *Journal of Nonverbal Behavior, 30*, 97-113.

Zajonc, R. B., Adelmann, P. K., Murphy, S. T., & Niedenthal, P. M. (1987). Convergence in the physical appearance of spouses. *Motivation and Emotion, 11*(4), 335-346.

Zhong, C. B., & Leonardelli, G. J. (2008). Cold and lonely: Does social exclusion literally feel cold? *Psychological Science, 19*, 838-842.

Zhong, C. B., & Liljenquist, K. (2006). Washing away your sins: Threatened morality and physical cleaning. *Science, 313*, 1451-1452.

저자 소개

저자 **전우영**(Chun, Woo Young)은 사회심리학자다. 연세대학교 심리학과
에서 박사학위를 마치고, 첫 직장인 메릴랜드 대학교(University of Maryland,
College Park) 심리학과에서 5년간 전임연구원으로 근무했다. 지금은 대전
에서 학생들과 함께 사회심리학의 통찰과 지혜를 발견하는 기쁨을 누리고
있다.

주된 연구 관심사는 사회적 상황에서 마음과 행동의 오류가 발생하는 이
유를 밝혀내고, 이를 감소시킬 수 있는 방안을 찾는 것이다. 한국심리학회
학술상(2016), 제일기획 학술상(한국광고학회, 2014) 그리고 Best Competitive
Paper Award(Association for Consumer Research Conference, 2004) 등을 수
상했다.

지금까지 사회심리학 분야 최고 권위의 학술지인 *Journal of Personality
and Social Psychology*에 제1저자로 발표한 3편의 논문을 포함해서 약 50여
편의 논문을 사회심리학 분야의 국내외 저명 학술지에 발표하였다. 『한국
심리학회지: 일반』과 『한국심리학회지: 사회 및 성격』의 편집위원장으로도
활동했다. 주요 저서로는 『심리학의 힘』(북하우스, 2010)이 있다.

2020년 교육부가 발표한 한국형 온라인 공개강좌(K-MOOC) 만족도 조사
결과에서 저자가 강의하는 '심리학 START'가 2019년에 개설된 총 745개 강
좌 중 만족도 1위인 것으로 확인됐다.

무의식의 심리학, 점화

Psychology of the unconscious mind and behavior: Priming

2020년 2월 10일 1판 1쇄 인쇄
2020년 2월 20일 1판 1쇄 발행

지은이 • 전우영
펴낸이 • 김진환
펴낸곳 • ㈜ **학지사**
　　　　04031 서울특별시 마포구 양화로 15길 20 마인드월드빌딩
대표전화 • 02)330-5114　　　팩스 • 02)324-2345
등록번호 • 제313-2006-000265호

홈페이지 • http://www.hakjisa.co.kr
페이스북 • https://www.facebook.com/hakjisabook

ISBN　978-89-997-2058-1　03180

정가　14,000원

출판 · 교육 · 미디어기업 **학지사**

간호보건의학출판 **학지사메디컬** www.hakjisamd.co.kr
심리검사연구소 **인싸이트** www.inpsyt.co.kr
학술논문서비스 **뉴논문** www.newnonmun.com
원격교육연수원 **카운피아** www.counpia.com